L'adolescent et le récit

Pour une approche concrète de la littérature de jeunesse

Claude Le Manchec

L'adolescent et le récit

Pour une approche concrète de la littérature de jeunesse

L'École
11, rue de Sèvres, Paris 6e

Chez le même éditeur

L'album, une initiation à l'art du récit
par Claude Le Manchec

L'album à l'école et au collège
par Rémy Stoecklé (3e édition revue et augmentée)

Imprimé en France par Pollina à Luçon N° L80303

Introduction

Des ambitions d'abord de type culturel

Le récit jouirait-il d'un statut d'exception ? L'intérêt qu'il suscite, auprès d'adolescents sollicités par bien d'autres formes culturelles, ne laisse pas en effet de surprendre. Cet intérêt semble être surtout d'ordre affectif et psychologique. Certains récits de fiction en effet provoquent, chez le jeune lecteur, de véritables phénomènes d'identification et de compensation. Mais le récit, en particulier le récit pour la jeunesse, est aussi fort capable de retenir son attention pour la réflexion immédiate qu'il provoque. La découverte du **système de l'illusion littéraire** au sein du récit constitue alors une démarche indispensable pour que la lecture dépasse à ses yeux la simple prise d'information, découverte à l'école primaire, et lui permette d'aller au-devant de mondes inventés, de les apprécier. L'adolescent participe alors pleinement au travail de représentation imaginaire mené par le créateur de la fiction. C'est bien le plus souvent par le genre du récit qu'il **s'initie au phénomène littéraire**, c'est-à-dire à la transmutation en faits de langage des données du réel et du vécu, à la transformation des actes, pensées, personnes ou désirs vécus dans le réel, en épisodes, descriptions, personnages et relations entre les personnages donnés cette fois dans le discours de fiction.

L'initiation de l'adolescent au jeu complexe des signes et des codes littéraires commence aujourd'hui avec la fréquentation de textes de fiction comme en propose la littérature de jeunesse. Leur prise en compte en classe dans l'accès aux pratiques de lecture peut ouvrir la possibilité d'étudier les principaux ressorts, structures et formes du texte narratif : récits à suspense, récits à la première ou troisième personne, récits linéaires ou récits fondés sur des astuces d'écriture (remontée vers un point de départ de l'action, changements de point de vue, mise en abîme...). Mieux reconnue aujourd'hui dans les textes officiels qui fondent les programmes scolaires du collège, la littérature de jeunesse est une grande pourvoyeuse de récits bien adaptés aux goûts des adolescents. Mais la connaissance de cette littérature ne fait sans doute que commencer. Elle joue auprès des adolescents, outre un rôle de formation à la lecture littéraire, le rôle important de transmission d'une « expérience humaine générale » qui rappelle celui du conte populaire. En effet, pour le jeune lecteur (pour tout lecteur ?), le récit littéraire agit à la fois comme une **décantation** (de son questionnement) et une **décentration** (de son point de vue forcément limité sur le monde). En cela, il s'offre aussi bien au lecteur adolescent qui se hisse à un questionnement d'adulte qu'au lecteur adulte lui-même qui, d'une certaine manière, adopte le point de vue du personnage adolescent pour questionner le monde à son tour. Ce passage est aussi celui de l'écrivain qui interroge ce qui reste en lui de son enfance. La littérature de jeunesse donne ainsi à l'adulte la possibilité, souvent méconnue, d'un éclairage rétrospectif. Pour tous, le récit peut agir comme un révélateur et être le lieu d'une **utopie**. Être un discours autre, parfois subversif, ambigu, différent et par là plus propre à émouvoir que le discours ordinaire.

Mais, au collège, ce discours est souvent **à l'étroit**. Les activités qu'engendre le récit ne rendent pas vraiment justice de ses pouvoirs sur le lecteur. C'est pourquoi la lecture scolaire a un statut si ambigu pour les adolescents qui lisent le monde et leur expérience du monde à travers le prisme du récit. L'école puis le collège enseignent à lire le récit mais celui-ci a, auprès de l'adolescent, une fonction décisive **d'élucidation du monde**. Nous pensons que, pour cette raison, il y a danger à le détourner et le déposséder de son interprétation du récit comme on tend à le faire habituellement. Il nous semble nécessaire d'avoir en classe davantage d'ambitions **de type**

culturel, plutôt que strictement limitées au commentaire formel et stylistique, afin de donner plus d'écho à la rencontre entre le récit et l'adolescent, entre l'auteur et son lecteur.

Dans la littérature de jeunesse, plus que dans toute autre création littéraire, l'auteur invite son lecteur à prendre du recul à l'égard de tout ce qui assigne à l'homme une place et un rôle trop précis et définitif. Le temps de l'écriture comme le temps de la lecture créent l'illusion d'une liberté. Mais celle-ci est nécessaire. Activités libres, **incertaines dans leur déroulement**, ces pratiques réclament toutefois l'acceptation d'un certain nombre de règles. La création de l'œuvre littéraire présente donc bien des analogies avec le jeu. Elle repose comme lui sur **une forme de simulacre**. Comme dans le jeu, la création se passe entre surgissement et contrôle des vocables. Grâce à elle, l'adulte retrouve la passion et le sérieux du jeu qui permet une conquête de soi. Dans la création littéraire enfin, la communication devient jeu et réciproquement. La circulation du langage y est soumise à des règles qui sont justement les lois de la communication que l'écrivain malmène sans toutefois les annuler.

L'adolescent, lecteur de récit littéraire, apprécie l'utilisation faite de ces règles dans la narration ainsi que la valeur suggestive d'images qui surgissent des mots disposés sur la page, des images mentales donc et non concrètes. Ces images l'éloignent fortement de ce qui lui est donné à vivre dans une situation de communication ordinaire.

Mais en tant que fait de langage, le récit littéraire n'est nullement isolé et indépendant de l'expérience directe à laquelle il se réfère. Ces va-et-vient constants, au cours de la lecture, entre langage et expérience du monde préservent d'ailleurs le récit de la froideur d'autres formes du discours. Précocement, à l'adolescence justement, le récit littéraire est un véritable **rite d'introduction à l'intimité**. Les mots renvoient à une expérience, celle d'un auteur ou celle du lecteur, mais ils peuvent aussi se substituer à elle et la voiler. Le langage propose alors lui-même une expérience d'une autre nature ; il excède sa valeur habituelle de communication pour s'acquitter de **fonctions expressives** étendues. Les mots seront alors, pour le lecteur, une source autant d'émotions variées que de réflexions.

La signification du récit pour le jeune lecteur excède à l'évidence les cadres étroits dans lesquels la pratique du commentaire formel voudrait l'enfermer. En lui-même, le récit enseigne. Il décrit un « passage nécessaire mais difficile et gêné par mille obstacles » (M. Robert, 1973). Il décrit la formation d'un individu, mieux, sa transformation vers un autre état, ce qui est d'ailleurs en **étroite relation d'homologie** avec l'expérience humaine que vit justement l'adolescent. Son genre est toujours celui du récit d'initiation. Bien que complexifié par les structures et les formes, les symboles et les images qu'il utilise, le roman de jeunesse parle un langage qui atteint plus directement le jeune que d'autres formes du discours. C'est pourquoi l'adolescent peut, malgré certaines difficultés que l'enseignant aide à surmonter, y trouver ce qui l'intéresse le plus au monde : une image de lui-même, de son entourage familial, de ses amis. Le récit littéraire possède une existence à la lisière du monde ordinaire. Mais comment la respecter ?

Nous proposons ici de lier d'une part une description de quelques chemins capables de développer des ambitions de type culturel appelées par le récit littéraire, et, d'autre part, des savoirs sur la forme, la structure et le genre du récit. Chacun de ces chemins sera complété en annexe par des propositions pédagogiques.

Pour souligner les échos entre ce travail et les analyses que font les jeunes lecteurs eux-mêmes, nous ferons débuter chacun de nos chapitres par des réflexions d'enfants et d'adolescents puisées dans l'essai de l'écrivain pour la jeunesse, Marie-Aude Murail, *Continue la lecture, on n'aime pas la récré* (éd. Calmann-Lévy, 1996).

Chapitre I

ENTRE JEU ET SAVOIR

« Moi, ça se peut que je serai écrivain aussi ; ça m'a donné l'idée. » (p. 120)

Les savoirs traditionnellement développés au collège sur le récit littéraire impliquent une relative mise à distance de celui-ci et tournent le dos à la lecture première, « naïve ». Un relatif statu quo a, sur ce point, régné car, à l'adolescence, les résonances intimes que provoque le récit ne se dévoilent pas facilement, surtout devant le groupe. Elles ne se manifestent pas en tout cas directement tant le récit, davantage que d'autres formes du discours, se situe à l'intersection de l'affectif et du cognitif. Sa réception en effet peut être le lieu de manifestation d'une émotion qui étreint mais que l'adolescent préfère dissimuler. Plus distancié que le jeune enfant, il s'interroge toutefois fréquemment sur les effets, positifs, négatifs ou neutres, que le récit provoque en lui. **L'acte même de raconter** devient une question à laquelle la culture du jeune lecteur permet d'apporter maintenant des réponses de plus en plus précises. Un point d'appui de ces changements dans la prise en considération de la réception du récit est d'ailleurs fourni dans les nouveaux programmes du collège. En effet, la sensibilisation aux littératures et civilisations antiques (étude des grands mythes, éléments de civilisation, analyse de l'héritage gréco-latin) fait désormais partie intégrante de l'enseignement du français au début du cycle. L'étude du texte narratif y est en outre inscrite dans le cadre de la maîtrise des « formes du discours » (*Accompagnement des programmes de 6e*, CNDP, 1996, p. 12 sq.). Elle concerne en particulier les classes de 6e et de 5e où les différents pôles du discours devraient être abordés au sein d'activités de classement puis d'approfondissement des types de texte. Mais la question du lien entre ces découvertes culturelles et ces apprentissages linguistiques et fonctionnels reste ouverte. C'est pourquoi les savoirs visés à propos du texte narratif ne devraient pas selon nous se limiter à l'organisation et aux contenus linguistiques de celui-ci mais gagneraient à poser la question du **sens de l'acte même** de représentation et de mise en intrigue d'actions humaines. Un récit tel que *L'esclave d'Athènes* de Paul Thiès (Casterman, coll. « Passé composé »), qui relate avec brio la vie de trois jeunes esclaves à Athènes en 404 avant J.-C., pourrait d'ailleurs contribuer largement à y répondre. Cette question est en réalité double. C'est celle d'abord de la production culturelle du récit puis celle de l'intérêt psychologique pris au récit par l'auditeur ou le lecteur.

Un fait d'abord culturel

D'où vient le goût universel pour le récit dont la forme ne cesse d'évoluer sans que sa structure soit jamais mise fondamentalement en cause ? Pourquoi les hommes confient-ils à des « professionnels » ou à des « élus » (chamans, conteurs, écrivains, metteurs en scène de cinéma aujourd'hui...) la mission de raconter ? Quels bénéfices en escomptent-ils ? À quelles composantes de l'esprit humain ces récits répondent-ils ? Autrement dit, quel est le sens du texte narratif par-delà les récits particuliers ?

Nulle culture n'est restée sans récit. Tous les groupes humains connus sur Terre ont développé l'art du récit dans des buts certes variés (religion, philosophie, divertissement...) mais toujours étroitement reliés aux fondements de leur culture comme le rappellent récemment encore la publication de bylines ou chants épiques russes repris des bardes et transformés par Elli Kronauer *(Ilia Mouromietz et le rossignol brigand*, l'école des loisirs, coll. « Médium ») ou celle de contes indiens d'Amérique du Nord (Nathalie

Hay, *L'oiseau qui faisait les tempêtes*, l'école des loisirs, coll. « Mouche »). Le récit est surtout une émanation directe des croyances et des besoins de l'esprit humain. L'universalité et la pérennité d'un tel phénomène peuvent-elles rester soustraites à la curiosité des enfants et des adolescents qui lisent ou écoutent le récit avec une avidité toujours remarquable ? La lecture (et la discussion qu'ils suscitent) de contes tirés des littératures orales du monde entier conduit d'ailleurs sur les chemins que nous préconisons d'emprunter. C'est à la **nature** même du récit en tant qu'il constitue un acte important de la praxis humaine, une forme universelle du discours codifiée par les hommes depuis l'Antiquité, que nous proposons ici d'élargir la réflexion en classe.

Apprendre à lire dans le récit

Le récit est pris dans un réseau très serré de faits culturels mais aussi psychiques. Mais les approches que l'on peut tenter en classe gagneraient aussi à mieux cerner avec les élèves les mécanismes en jeu dans la lecture du récit. Or, « on devient lecteur, écrit le psychologue René Diatkine, quand on s'identifie assez au conteur d'abord, au narrateur ensuite pour rendre inutile la présence physique de celui qui raconte. ». Diatkine (1984) souligne ainsi le lien étroit qui unit le besoin du récit et la capacité d'en produire : demander une histoire, c'est d'abord être capable d'en raconter, y compris à soi-même. Comment expliquer ce paradoxe ? Écouter ou lire une histoire, ce serait accepter l'intrusion en nous d'une voix porteuse d'un récit et s'identifier au conteur, au narrateur et au héros. L'auditeur ou le lecteur établit avec cette voix du conteur une forme de connivence et d'identification. Diatkine souligne, dans un ouvrage plus récent, ce qui oppose à ce sujet la lecture littéraire et la cure psychanalytique :

« C'est probablement aussi un aspect particulier de la relation de l'enfant avec certaines formes de jeu, avec la représentation théâtrale et d'une manière plus générale avec l'écrit. Tandis que le jeune lecteur peut expérimenter ce qu'il y a de commun entre les héros et lui, ce mouvement d'identification, intéressant de façon inégale son moi vecteur de désirs et son idéal du moi, est couvert par une clause de désaveu qui permet une certaine stratégie à l'égard du surmoi : « quelle chance et quel dommage qu'un tel désir n'ait été le mien. ». Dans la rencontre littéraire, l'enfant en reste là, et ce double mouvement prend sa place dans l'ensemble des transformations des représentants pulsionnels à la phase de latence. Dans la cure psychanalytique de l'enfant, c'est le premier temps d'un processus de dénégation dont les développements peuvent permettre de nouvelles découvertes. » (in L'enfant dans l'adulte, *Delachaux et Niestlé, p. 186)*

Les bénéfices que l'enfant retire de la lecture du récit peuvent donc être reliés à d'autres apprentissages. L'union à la voix qui raconte serait un préalable à la lecture en général. Au plan psychologique, **l'apprentissage du code de la langue** se verrait renforcé, d'abord et fondamentalement, par un apprentissage du récit. La technique, dans la lecture, ne serait pas isolable d'autres apprentissages.

Voilà qui contribue à éclairer une difficulté scolaire de base, difficulté étroitement reliée à une réticence, voire à un refus parfois de s'unir à la voix qui raconte. Or cette voix est au commencement celle de la mère. Selon ce point de vue psychologique, la mère est, pour l'enfant, une conteuse d'histoires. Celui-ci s'unit à cette voix maternelle et originaire qui raconte des histoires où il se « lit » et se reconnaît. L'apprentissage de la lecture est contemporain de la découverte de la **dramatisation de l'expérience humaine** portée par le récit. Une rencontre précoce avec le récit s'avère être un puissant moteur d'apprentissage du code. Sans cette découverte, l'enfant apprendra certes la lecture mais ce lien entre le récit et lui-même sera plus long et difficile à établir.

Comment on devient écrivain ?

Beaucoup de contes populaires donnent du poids aux propos de Diatkine. Ceux de Perrault sont sous-titrés « Contes de ma mère l'oye » comme si le narrateur devait être connu pour que le contrat d'écoute ou de lecture puisse être passé. Dans une édition de 1697, le frontispice du livre de Perrault montrait justement une vieille nourrice assise sur un tabouret, filant la laine et surtout parlant la bouche ouverte à trois auditeurs dont deux enfants. La mise en scène souligne l'oralité première du conte et ses représentants symboliques dont la voix narratrice toute-puissante. Cette voix est bien celle de la mère. En 1992, dans un collège de banlieue, l'adolescent s'identifie toujours à elle au point de vouloir l'imiter : « ça m'a donné l'idée ». M.-A. Murail y joue le rôle de cette « mère conteuse ». De même de nombreux écrivains ont confirmé, par leur autobiographie, l'importance, dans leur vocation, de la voix maternelle (v. annexe, p. 145).

Par l'activité de l'imagination qu'il suscite, le récit permet donc à la fois une décisive traversée vers l'expérience de l'autre et une découverte de soi, voire de soi comme un autre. La fonction littéraire du langage succède à cette organisation primordiale de l'imaginaire de notre collégien. La voix du narrateur prend la place de celle de la mère dans le système imaginaire. L'adolescent s'identifie à la voix qui raconte comme il s'est identifié un long temps à celle de la mère. Mais tous, écrivain ou non, pouvons aussi passer notre vie à rechercher, trouver ou retrouver cette voix, comme lecteur ou comme auteur, et vivre alors une grande passion pour la littérature.

L'instruction portée par le récit

La formule « Il était une fois... » est, comme le suggère l'écrivain Michel Leiris (1960), d'abord un « pont-levis brusquement abaissé pour le passage de cortèges légendaires ». Les récits s'impriment dans l'imagination comme les légendes, étymologiquement « ce qui doit être lu », récits exemplaires de la vie d'un saint qui seront lus à l'office pour porter le fidèle à davantage de vertu et de piété. La littérature pour la jeunesse a d'ailleurs longtemps partagé avec la légende ce souci d'instruire qui s'est mis en retrait sans vraiment disparaître. C'est pourquoi l'adolescent cherche avec autant d'avidité cette voix qui raconte.

Élargie au récit universel et primitif, la question de la **nécessité** du récit devient alors plus précise. La voix qui relate un mythe, une fable, un conte vise essentiellement à instruire tout en divertissant, peut-être en éloignant l'angoisse d'être au monde. Cette voix instruit sur l'origine du monde, sur les règles, les tabous, les codes de la vie en commun mais aussi sur les pensées intimes et le fond de fantasmes et d'angoisses qui existent en chacun de nous.

Surgi du conflit entre l'individu et le groupe, de la nécessité et de la difficulté de vivre en société, le récit enseigne « l'art de vivre ensemble ». Lire, écouter le récit, c'est donc réduire pour soi-même l'inconnu qui nous entoure. C'est (se) connaître et pouvoir donner sens. Le récit, à l'origine, a sans doute été proche de l'apologue et du mythe qui visent justement à justifier, renforcer et codifier des croyances et des pratiques à la base de la vie sociale.

L'art du récit repose sur des besoins cognitifs et psychologiques universels et atemporels. Or ces besoins sont au plus fort à l'adolescence. Le jeune aussi ressemble à l'auditoire du chaman indien ou sibérien ou du griot africain quand il réclame de s'unir à cette voix qui évalue l'action humaine, qui donne du poids et qui juge, qui questionne et fournit des réponses de sagesse. Les récits sont pour lui toujours des récits des origines et des récits d'initiation qui révèlent dans l'existence humaine ce qui est, sinon secret, du moins caché et difficile à percer.

Se préparer à vivre dans le récit

Pas de désir du conte ou du récit en général **sans questionnement** du lecteur qui est envie ou besoin de sortir de soi, voire de vivre par procuration une expérience de vie dans le concret de l'action et non pas comme une leçon de morale. Mais la réponse à ce questionnement sera plus satisfaisante ou mieux reçue si l'auditeur ou le lecteur peut participer à l'histoire, s'identifier aux personnages, voire imiter la voix qui raconte en la devançant ou en la prolongeant.

Si, pour son créateur, le récit répond d'abord à une tentative d'explorer l'univers, d'en maîtriser la diversité avant de distribuer la sagesse, si narrer et nommer les choses du monde sont alors très proches et convergent dans le souci de lui donner une signification et un ordre, du côté du lecteur, suivre le destin d'un individu, c'est savoir, au moins partiellement, ce que signifie la vie et comment s'y préparer. C'est trouver des éléments de réponse à la question angoissante du malheur et du bonheur de vivre.

Le récit enseigne mais son mode de fonctionnement permet de se préparer au réel d'abord dans l'imaginaire. Le goût pour le récit semble donc bien lié à la fois au **savoir** et au **jeu** de la lecture, unis dans une tension toujours renouvelée. Le lecteur accède à la vérité du monde par paliers et dans le jeu de l'identification tout en faisant du monde qu'il connaît la référence des récits découverts.

De l'attente à l'attention

L'implication du lecteur dans le récit est aussi le problème du pédagogue. Comment en classe préserver le lien affectif qui unit l'auditeur à la voix qui raconte, l'attention aux détails de cette voix, le questionnement de l'auditeur et sa participation, dans l'imaginaire, au récit ? La lecture du récit réclame un lecteur actif (ou mieux, réactif) à côté d'une certaine forme de réceptivité.

Lire en effet, c'est **anticiper, spéculer**, chercher plus loin la vérification du scénario imaginé et voir ses hypothèses de lecture confirmées ou infirmées. Ces prévisions, plus ou moins habilement rendues possibles par l'auteur qui peut en jouer en les décevant autant qu'en les confirmant, expliquent beaucoup le caractère dynamique et actif d'une lecture que tout amateur de récit policier connaît bien. Sur le plan cognitif, anticipations et retours en arrière se succèdent.

Ainsi va croissante la participation du lecteur au récit. Il intervient par ses spéculations dans le texte de plus en plus présent en lui. De là son besoin irrépressible de continuer la lecture et éventuellement d'en parler. Le récit littéralement **captive**. Le pacte de lecture ne se délite qu'en raison de la médiocrité de la spéculation, si le scénario est trop prévisible. Au contraire, s'agissant de récits bien construits, s'installent une véritable connivence entre le lecteur et la voix qui « agit » le personnage comme on le fait avec une marionnette.

De l'attente (des événements à venir) **à l'attention** (à la voix qui raconte), il n'y a donc qu'un pas. Les deux mots sont d'ailleurs voisins. Les pédagogues le savent bien qui trouvent dans le désir du récit en classe l'assurance d'une bonne concentration. L'intérêt pour le récit prépare à la lecture autonome. Lire en autonomie est d'ailleurs, à l'âge de l'adolescence, le ressort d'une liberté plus grande par rapport à l'adulte médiateur.

Le jeu comme moteur de la lecture

Lire serait donc, à la fois et paradoxalement, poursuivre un apprentissage de la vie et accepter des règles d'un jeu très riche sur le plan intellectuel ou affectif. Paradoxe seulement apparent car, comme le rappelle Roger Caillois (1967), certains types de jeu n'excluent pas, au contraire, l'apprentissage. Les jeux dominés par le simulacre ou le « faire-semblant » (Caillois les réunit sous le nom de *mimicry*, imitation) ou la recherche du vertige (*ilinx*) placent en effet l'individu dans une situation où il peut modifier son rapport au monde, en se créant un autre personnage par exemple ou en affrontant certains dangers imaginaires. Le récit propose une implication qui rend le lecteur autre que ce qu'il était avant de s'engager dans sa lecture.

Comme le jeu, la lecture du récit littéraire a en outre besoin d'un peu de cérémonial, d'un champ clos (l'espace du livre), de la disponibilité de celui qui s'y livre et de règles à suivre. Elle suppose une demi-vacance de l'esprit qui permet d'accepter plus facilement de suivre la voix qui raconte. S'intéresser au récit, c'est aussi suivre une parole qui nous fait passer d'un monde chaotique à un autre plus cohérent et équilibré. Le monde de la fiction se présente comme un îlot de sens au milieu de la perplexité laissée par le décousu de la vie quotidienne.

La lecture du récit partage encore avec le jeu le calcul (grâce à la mise en place d'une dialectique de l'attente et de la question), le vertige et le frisson (grâce à l'identification au personnage au centre d'une dynamique d'actions). La lecture du récit est au final une action librement choisie, sentie comme un jeu en dehors de la réalité et de la vie courante, dénuée d'utilité immédiate et délimitée dans le temps.

À la différence du jeu, la lecture est toutefois peu ostentatoire et spectaculaire. D'où sans doute la difficulté à parler des textes. Le lecteur adolescent livre difficilement le vécu de sa lecture. Mais, comme le jeu, la lecture se nourrit de rebondissements qui renouvellent constamment l'intérêt pour la suite. Rupture avec la vie ordinaire qui est tournée vers l'action, la lecture du récit est donc d'abord un jeu dont le temps est un temps « désengagé », une durée dont l'imaginaire est le moteur.

Apprendre en se faisant autre

Au centre de l'intérêt du lecteur se situe le **goût du masque**. La lecture du récit se nourrit de l'illusion, étymologiquement « entrée en jeu » (de *il-ludere*) selon l'image du théâtre. La voix qui raconte permet d'abord de jouer un personnage, de porter le masque d'un autre pendant la durée du récit. Pas de plaisir au récit sans envie d'être autre, de s'aventurer masqué pour mieux voir et mieux savoir, différemment de l'expérience ordinaire. Dans cet oubli de soi, le lecteur se découvre autre et découvre autre chose.

Malgré les classifications trop rigides issues de la rhétorique de l'âge classique, le jeu dramatique précéderait et doublerait le jeu de la lecture du récit. Le travail du lecteur relève à la fois de l'interprétation (du personnage fictif) et de l'implication (dans le personnage qui prend vie dans et par le lecteur). Se faire autre, vivre par procuration permet un apprentissage de soi et du monde (on connaît le goût parfois frénétique des adolescents pour les « jeux de rôle »). Le moi du lecteur se prolonge dans celui du personnage qui tente de résoudre une difficulté. Dans la lecture et par la participation à la vie du personnage, action et réflexion sur les ressorts de l'action humaine se donnent ensemble. La forme du récit, identifiée par les narratologues comme Greimas à la quête, est d'ailleurs en elle-même signifiante, ce qui explique sans doute la permanence du fameux « schéma narratif » dans la variété des « histoires ». Le jeu que permet la lecture du récit est bien un apprentissage social qui vise la formation du *moi*.

Mais sans envie de jouer et sans envie de savoir, il n'y a pas ou peu d'adhésion à la voix qui raconte. Seul un éloignement radical à l'égard du monde des adultes, de leurs choix et de leurs goûts, empêche ce jeu de s'effectuer en classe. L'adolescent, plus « à distance » que l'enfant, vit ou pressent quelque chose qu'il faudrait pouvoir saisir et auquel il faudrait pouvoir répondre. Le récit, en particulier issu de la littérature de jeunesse, peut servir encore ici de trait d'union.

Limites de la prescription

Le choix du récit présenté en classe, le moment où on le présentera et le type de questionnement vont jouer un grand rôle dans l'implication du lecteur. Or la prescription de récits s'appuie habituellement soit sur des listes officielles, soit sur les comportements du lecteur observés. L'écart entre ces deux modes de choix semble impossible à réduire. C'est tantôt la « valeur » littéraire qui prime, tantôt une attitude empirique guidée par le souci de répondre à une demande plus ou moins clairement formulée. On sait, dans ce dernier cas, ce qui « marche » dans différents récits et alors les listes ne semblent pas de grande utilité. L'important paraît bien de retrouver des récits qui prolongent l'intérêt que représentaient le conte ou l'album, qui répondent au questionnement du sujet lecteur.

Entre obéissance à des listes et empirisme, une autre voie paraît toutefois possible qui veillerait à l'équilibre, dans les récits proposés en classe, entre jeu et savoir. Si l'on peine à trouver des récits qui « marcheraient » à coup sûr, c'est que la démarche ne correspond pas à la complexité des envies mais aussi des craintes du lecteur.

Une participation à la fois subjective et cognitive

Les adolescents semblent parfois réclamer une lecture « naïve », spontanée. Cette lecture, qui fait parfois désirer devenir soi-même un écrivain, est bien en effet le préalable à d'autres types de lecture. La participation du lecteur est d'abord **affective** et **subjective**. Ainsi l'imaginaire du lecteur n'est pas forcément moins sollicitée par un récit à base de réel que par un récit éloigné du réel. Un texte de fiction n'a pas les contours nets d'un objet réel. Le texte contient une composante d'indétermination. C'est bien cette composante qui permet la participation du lecteur à la production de l'intention du texte (Iser, 1985, p. 55).

La participation est aussi **cognitive** et **spéculative**. Le lecteur s'affaire à l'insertion du récit dans un genre et se construit, à partir de ses premières questions, un horizon de prévisibilité. Lire, c'est anticiper et prévoir, déplacer ses attentes au fur et à mesure que le récit progresse. Le récit à suspense et le récit d'aventures permettent justement de donner plus de force au jeu de la lecture.

De plus, l'adhésion semble venir plus vite si l'espace-temps où se situe l'action est proche du monde où évolue le lecteur. Celui-ci recourt alors à des capacités de représentation du monde de la fiction qu'il puise dans sa mémoire. Il s'identifie plus facilement par exemple à des personnages situés dans son champ d'expérience. Il relie l'inconnu au connu, diminuant ainsi l'angoisse que suscite l'inconnu à l'aide d'éléments situés dans son vécu. Le récit de vie et le récit d'apprentissage répondent là aussi parfaitement à cette attente.

Le niveau de difficulté du lexique et de la syntaxe utilisés ne doit pas être non plus trop éloigné de celui du lecteur. La lecture se joue aussi entre l'**illusion référentielle** qui fait oublier le caractère artificiel, langagier du récit littéraire, et l'**adhésion à la langue de l'auteur**. Le « parler vrai » de certains écrivains pour la jeunesse reste un puissant ciment entre le lecteur et l'auteur comme le rappelle le succès, il y a peu, des romans de Joseph Joffo (*Un sac de billes*, *Baby-Foot*, Hachette). Le roman de jeunesse s'emploie d'ailleurs beaucoup aujourd'hui à trouver ce « ton » juste. En témoigne très récemment le très pur récit de Brigitte Smadja, *Laisse-moi tranquille* (l'école des loisirs, coll. « Médium ») qui met en scène le jeune Basile désireux de connaître le secret de son cousin Franck. En s'insérant dans le « je » de Basile, l'auteur peut écrire dans une langue approchant, sans se confondre avec elle, celle de l'adolescent.

La distance que crée la narration par rapport à l'histoire proprement dite ne semble pas devoir être trop grande. En effet, l'ordre des actions dans le récit et la façon dont elles sont présentées par la voix qui raconte sont perçus dans un second temps de lecture. Ainsi le récit linéaire est souvent préféré à d'autres (structures à emboîtements, récits dédoublés...). Le récit à la première personne permet souvent de renforcer plus facilement, certains diront à bon compte, le pacte de lecture. Depuis le célèbre *Meurtre de Roger Acroyd* d'Agatha Christie (Hachette), le procédé a les faveurs de nombreux auteurs. *L'assassin de papa* et *Embrouille à minuit* de Malika Ferdjoukh (Syros Jeunesse, coll. « Souris noire ») en fournissent de bons exemples.

Cette énumération ferait croire à l'existence de récits qui « marcheraient » à coup sûr. Il n'en est rien. Aucun récit ne pourrait réunir toutes les qualités énumérées car il n'y a pas un seul type de lecteur ni un seul type de lecture. Ni une expérience commune, ni une seule façon de s'unir à la voix qui raconte. L'adolescent n'est plus l'enfant, tel Jean-Paul Sartre (*Les Mots,* 1964) assis sur les genoux d'Anne-Marie. Il a grandi, est devenu plus autonome. Sa lecture garde pourtant de nombreux points communs avec celle du très jeune enfant, en particulier le **savoir** et le **jeu**, deux éléments fondamentaux du plaisir que procure le récit, entre satisfaction et émotion.

L'adolescent adopte toutefois une lecture plus critique. Jeu et savoir sont eux-mêmes plus conscients. C'est sur eux que nous préconisons de prendre appui en classe. Toutefois le savoir, pour être intéressant, doit concerner directement l'adolescent et correspondre à son degré de maturité. Le jeu lui-même ne sera ni trop facile (spéculation qui tourne court, intrigue trop conventionnelle) ni trop difficile (élément déclencheur imperceptible, spéculation sans résolution explicite, intrigue éclatée, non articulée autour d'un schéma narratif perceptible). En outre, le jeu est meilleur s'il est relancé par des rebondissements de l'intrigue.

Intérêt du récit à suspense

L'implication du lecteur est manifestement plus grande dans tous les récits à suspense. Certains verront là un motif pour déplorer que les goûts des lecteurs se soient nettement restreints et, cherchant la cause d'un tel phénomène dans les lois du marché, ils feront porter leurs critiques tantôt du côté de la demande des lecteurs, tantôt du côté de l'offre éditoriale et télévisuelle. Celle-ci fournit en effet de plus en plus de récits bâtis selon une imagination excessivement réglée au point qu'il est souvent très difficile à un auteur de se soustraire à une ligne éditoriale fondée sur les goûts dominants du moment, et à un lecteur d'accorder toute son attention à un récit quelque peu « hors norme ».

Dans sa version pessimiste - c'est celle que développe par exemple Michel Deguy (1986) -, cette analyse constate et regrette que l'écriture, surtout celle du récit, soit rejointe par la technique et finisse par égaler la production industrielle de biens manufacturés. Dans sa version optimiste, elle remarque que l'écrivain pour la jeunesse a fini par répondre, au-delà de toute espérance, aux vœux des Oulipiens qui, comme Raymond Queneau, Georges Perec ou Jacques Roubaud, recherchaient dans la contrainte formelle une libération du pouvoir de création. Ni spécialement optimiste, ni vraiment pessimiste, nous voudrions reposer la question à partir des réflexions, non d'un auteur pour la jeunesse, mais d'une romancière à succès, maître dans l'art du suspense : Patricia Highsmith.

Une école des artifices ou une école de l'écriture ?

Sollicitée par son éditeur, Patricia Highsmith, l'auteur du célèbre *Ripley s'amuse*, a développé sa conception du suspense dans un ouvrage fort instructif (*L'art du suspense*, éd. Calmann-Lévy, 1984). En réalité, ses analyses excèdent le thème proposé et relèvent d'un véritable art romanesque. Sans se préoccuper de bâtir un exposé très structuré, Highsmith définit son sujet de façon éparse.

Nous proposons de les classer.

1) **Le suspense n'est pas l'apanage du récit policier.**
En effet, toute histoire bien construite sera toujours « mouvementée » (p. 21). Le suspense n'a pris le sens moderne qu'avec la vogue du récit policier où il signifie surtout la « menace d'une action physique violente et d'un danger ». Il est possible de compléter cette idée majeure en ajoutant qu'une telle menace sera ressentie par le lecteur lui-même et non par le seul personnage. Le roman de Dostoïevski, *Crime et châtiment*, apporte un exemple convaincant. Le suspense est au principe même de certains grands romans.

2) **Le suspense est inégal selon les procédés utilisés.**
Highsmith oppose (p. 40 et sq.), à propos du récit à suspense, une école de l'écriture et une école des artifices. Il y a, écrit-elle, les grosses ficelles du suspense, les « trucs » utilisés par certains auteurs de façon totalement artificielle : l'interruption d'une scène d'action à la fin d'un chapitre par exemple. Mais à l'artifice s'opposent les émotions de l'auteur qui nourrissent le suspense. Celui-ci n'est pas alors seulement construit de l'extérieur mais il bénéficie de l'expérience émotionnelle traduite en mots dans le récit.

3) Les prévisions du lecteur doivent être en partie déjouées.

« Renforcer une intrigue ou lui donner du corps consiste à multiplier les complications pour le héros, ou peut-être pour ses ennemis. Ces complications sont plus efficaces si elles se présentent sous forme de rebondissements inattendus. Si l'auteur parvient à corser son histoire et à surprendre le lecteur, l'intrigue est logiquement améliorée. »
D'une part, le suspense est donc étroitement relié à la surprise : « suspendre » et « surprendre » sont une seule et même chose pour le romancier. D'autre part, le suspense n'est pas une chose donnée une fois pour toutes ; il se recharge sans cesse. L'art du récit à suspense reposerait en grande partie sur la multiplication des moments forts. Le héros frôle la mort par exemple à plusieurs reprises (p. 59). L'intérêt du lecteur se nourrit et se soutient de ces rebondissements de l'intrigue. Le dénouement est toujours différée. Le lecteur participe émotionnellement et spéculativement aux aventures du personnage : intelligence et affectivité ne sont pas séparées. Le jeu est donc au premier plan.

4) Certains « scénarios » reposent sur l'attente anxieuse d'un « point culminant ».

Le trajet de la lecture du récit à suspense est comparable à une ascension vers un sommet suivi de la détente d'une descente. Tout en se gardant d'en faire une loi valable pour tous les récits, Highsmith utilise l'image du point d'orgue et de la catharsis chère à Aristote dans sa *Poétique*. Au sommet de l'intrigue vers lequel l'auteur aura pris soin de conduire le lecteur correspond chez ce dernier un « bouleversement » (p. 91). Le récit se divise en un avant et un après de part et d'autre de ce sommet qui peut ne se produire qu'à la fin du livre : *« Il est des moments forts qui devraient prendre place à la fin du livre, car il ne reste rien à dire ensuite, et le roman n'a plus qu'à se dénouer là, brutalement. »* (p. 92) Encore une fois le « bon » romancier serait celui qui sait produire de tels effets : *« Le choix du tempo fait partie de la construction du scénario et dépend de l'effet que l'on cherche à produire. »* (p. 97). Le rythme du récit permet de produire certains effets.

5) Le récit à suspense est souvent favorable au criminel.

L'essai de Patricia Highsmith contient p. 94 une vraie confession : *« Les criminels sont intéressants sur le plan dramatique parce que, pendant un certain temps du moins, ils sont actifs, libres d'esprit, et n'obéissent à personne. Je respecte la loi au point de me mettre à trembler comme une feuille devant un douanier, alors qu'il n'y a rien d'intéressant pour lui dans mes valises. Peut-être ai-je une forte tendance criminelle sévèrement refoulée au fond de moi, sinon je ne prendrais pas un tel intérêt aux criminels et je n'écrirais pas si souvent sur eux.* » Le récit à suspense est, en partie du moins, une confession déguisée, l'aveu d'une fascination. L'identification recherchée est d'abord celle du romancier vers son personnage. Franchissant une étape dans son raisonnement, Highsmith associe dans la même idée « identification » et « compassion » (compatir : éprouver un sentiment - *pathos* - avec). Le roman à suspense et le roman policier sont pour l'auteur deux choses différentes car dans le premier « l'auteur s'intéressera de beaucoup plus près à l'esprit du criminel ». Mettre en scène, c'est comprendre, donc diminuer, relativiser le crime. À l'inverse, le roman policier serait du côté de la loi.

Les analyses de Patricia Highsmith risquent de diminuer l'enthousiasme que suscite souvent le récit à suspense dans lequel certains semblent avoir trouvé leur seule passion pour l'écriture. Lucidement, l'auteur pointe les limites du genre : récits parfois totalement « élaborés », artificiels visant à produire (toujours) les mêmes effets (fascination, angoisse) chez le lecteur ; attachement parfois trouble pour le criminel ; pulsions détournées et sublimées dans l'écriture. L'intelligence du lecteur tant sollicitée dans le récit à suspense n'est peut-être qu'un piège tendu par l'auteur pour mieux faire partager sa fascination pour le crime. En favorisant la participation intellectuelle, on relâche la vigilance sur d'autres sujets qu'en temps ordinaire le lecteur condamnerait. Le roman à suspense est-il « moral » ? Telle est la question qu'on pourrait à notre tour poser aux enfants et aux adolescents ! Mais Highsmith ne présente qu'un certain type de récit, peut-on objecter. Le suspense existe ailleurs, y compris dans des récits peu suspects de favoriser les criminels. On remarquera que le genre est « suspectable » comme les criminels qu'il met en scène, que la **loi des hommes et l'interdit du meurtre** en sont, pour Highsmith elle-même, les thèmes profonds et universels. Le jeu se complète donc d'un savoir, ici sur le Mal, thème central du récit policier.

De ce fait s'agit-il seulement, de la part des adolescents, d'une demande de « suspense » c'est-à-dire de participation au déroulement de l'intrigue ? Ils se sentent aujourd'hui fortement concernés par les **thèmes** du récit à suspense. L'explication de ce phénomène relève de l'analyse sociologique et psychologique. Plutôt que de craindre que la littérature de jeunesse soit, plus qu'une autre, menacée par un « oulipisme » généralisé, il convient de voir dans ce goût le symptôme d'un questionnement « naïf » (au sens de premier) - sans être puéril - sur la place du Mal dans notre société.

Derrière le suspense qui est un procédé intéressant pour la critique littéraire, il y a le récit à suspense qui est, quoi qu'on en ait, révélateur des préoccupations d'une époque. Aussi devrait-il constituer un bon levier pour réfléchir sur la littérature et non un repoussoir. D'une réflexion sur le procédé, son origine, sa diversité, on pourrait ainsi en classe se diriger vers un débat sur la « réponse » des écrivains aux questions pressantes mais souvent mal formulées du public. Ce n'est pas un hasard si, à ce sujet, Patricia Highsmith parle des « antennes » du romancier qui construit des récits à suspense. Celui-ci est, ajoute-t-elle, comme le peintre. Il se pose des problèmes concrets parce qu'il vit de son regard sur les gens, la rue, la ville, la société.

Définir le suspense en tant que procédé

Parler du suspense, c'est donc souligner le lien indestructible entre ce qui est dit et la manière dont c'est dit, au point que les effets de style portent en eux-mêmes une signification. C'est reprendre la réflexion d'Aristote dans sa *Poétique* sur le « comment » de l'art plutôt que sur le « quoi ». Peut-être devons-nous même nouer d'emblée le dialogue avec les adolescents en répondant à cette question. Il y va de la possibilité d'une entente. Autrement dit, proposons de réfléchir sur la notion de suspense, de la définir, de l'illustrer, d'établir des activités spécifiques sur le procédé. N'est-il présent que dans un certain type de récit ? Comment l'analyser, éventuellement le critiquer ?

Le mot « suspense » est un anglicisme né vers 1955 venu lui-même du français « suspens » qui signifie incertitude, hésitation, attente. À partir du verbe « suspendre », qui veut dire arrêter, retarder, il désigne donc d'abord un ensemble de précédés littéraires ou cinématographiques propres au récit qui consistent à « suspendre » le déroulement de l'action en cours. Ces procédés existent en masse dans le récit policier traditionnel ou moderne mais sont à l'œuvre dans bien d'autres types de récit.

Suspendre l'action peut se faire au moyen de divers stratagèmes :

- description ;
- ralentissement du récit ;
- digression.

Dans *Les Misérables* par exemple, Hugo utilise souvent de tels procédés qui tiennent le lecteur en haleine, **en attente** justement. Toutes les descriptions n'ont certes pas pour rôle de créer du suspense et certaines digressions peuvent tirer le récit vers le texte explicatif sans engendrer de suspense. Y a-t-il dès lors une spécificité du suspense dans le policier et le fantastique ? Le récit policier est plus qu'un autre en effet attiré par le suspense car il vise à maintenir la curiosité du lecteur en éveil. Pour ce faire, il diffère constamment l'explication de l'énigme. Le suspense y a donc à voir directement avec la durée de la lecture. Il fait de celle-ci une véritable expérience voire une épreuve. Son rôle est initiatique. Narrateur et lecteur « jouent » ensemble le jeu du suspense. Le lecteur sait que l'explication de l'énigme existe et pourrait lui être donnée tout de suite. Mais il accepte, par jeu, par goût du jeu, qu'elle soit constamment différée. Il signe avec l'auteur un véritable pacte de lecture : « Donne-moi un mystère et fais en sorte que son explication soit toujours repoussée, différée jusqu'à un certain moment que tu es libre de déterminer ». Le procédé se trouve donc au centre de processus à la fois cognitif (le lecteur spécule à partir des données qui lui sont fournies) et affectif (le suspense fait monter la peur). Il comble donc l'intelligence et l'émotion en même temps. On joue à se faire peur. On fait comme si. Comme l'adolescent, on s'apprête ainsi peut-être à mieux vivre la vraie peur.

Le suspense est une forme d'initiation

Dans le roman, c'est le **raisonnement même du lecteur** qui crée le suspense. Le narrateur en effet propose au lecteur une suite d'indices souvent si embrouillée que la logique de ce dernier, qui a exploré toutes les solutions possibles, a épaissi le mystère. Il faudra la clairvoyance du héros et/ou du narrateur pour dénouer l'écheveau. L'esprit du lecteur fonctionne à l'image de l'explorateur d'un **labyrinthe** : il y est entré facilement ; il en sortira plus difficilement. Cette difficulté est génératrice d'angoisse. L'image du **puzzle** pourrait tout aussi bien convenir : au lecteur d'assembler des morceaux (indices, pièces à conviction, preuves...) pour découvrir la solution du problème. Il lui faut dans tous les cas à la fois se surpasser et se contrôler (ne pas céder à la panique qui lui ferait perdre ses moyens intellectuels). Entrer dans un récit à suspense a donc quelque chose d'**initiatique**. Comme Thésée à Cnossos, on y découvre quelque chose sur soi-même.

Le suspense est renforcé par les **points de vue choisis par l'auteur** qui font attendre avec impatience la solution de l'énigme. par exemple, au moment même où un personnage est en grand danger, le narrateur choisit de parler d'autre chose puis revient au personnage. Autre cas : la « focalisation » est partielle car le narrateur n'a qu'un point de vue fragmentaire de l'enquête. C'est le cas par exemple du docteur Watson dans *Le Chien des Baskerville* de Conan Doyle. Parfois, le narrateur est lui-même au cœur de l'action. Le récit progresse par le monologue intérieur de Watson ou lors de ses rencontres avec d'autres personnages. C'est le cas de plusieurs récits de Léo Malet *(120, rue de la gare, Brouillard au pont de Tolbiac...*, éd.10/18).

Au cinéma, le suspense est davantage une affaire de rythme

Au cinéma, on retrouve le labyrinthe dont nous avons parlé et la focalisation partielle. Le spectateur est placé dans la même situation que le lecteur : dérouté par les indices mais actif dans la résolution du problème. Mais ici, le rythme devient haletant ; l'action surpasse tout le reste. L'ennemi du film policier, c'est le temps mort. Il faut que le spectateur mette le temps réel entre parenthèses pour se focaliser sur le mystère. L'intrigue, les décors, les personnages doivent le subjuguer jusqu'au « thrill », c'est-à-dire jusqu'au frisson. Par rapport au policier traditionnel, le « thriller » est comme un sprint par rapport à une course de fond ou de demi-fond. La tension – renforcée par la thématique souvent morbide - y devient extrême, presque insoutenable.

Le suspense est devenu, au cinéma, essentiellement **une affaire de rythme**. Passages lents (consacrés aux préparatifs d'une action à venir) et passages rapides (nombreuses actions parfois incohérentes pour le spectateur) alternent. Les temps de ralentissement servent au lecteur à mettre de l'ordre dans ses connaissances sur l'énigme, à faire le point comme un navigateur qui cherche sa route. Ils servent aussi à apaiser les craintes, à relâcher l'état de nervosité.

Le suspense y est aussi plus que dans le récit littéraire **une affaire de rupture de ton.** Un épisode « noir » est souvent suivi par un épisode « rose », un moment de violence par un moment de tendresse. Le récit haletant s'accompagne en outre souvent d'une **répétition incantatoire** : airs musicaux repris plusieurs fois, insert d'images identiques, paroles répétées, objets entrevus...

Dans un dense et brillant article, François Truffaut (*Le Plaisir des yeux*, Flammarion, 1987) définit ainsi le suspense chez Alfred Hitchcock :

« Dans l'écriture hitchcockienne le suspense joue évidemment un rôle important. Le suspense n'est pas, comme on le croit trop souvent, la manipulation d'un matériel violent, mais plus exactement la dilatation de la durée, l'amplification d'une attente, la mise en valeur de tout ce qui nous fait battre le cœur un peu plus fort, un peu plus vite. Le suspense n'est pas exclusivement fait d'éléments visuels et des films comme Le crime était presque parfait *ou* Mais qui a tué Harry ? *nous donnent de bons exemples de « suspense de dialogue » ».*

Le suspense n'existe que par rapport à la lenteur. L'un suppose l'autre, s'apprécie par l'autre et a besoin de l'autre. Lorsque la caméra s'attarde (lenteur) sur le visage du héros, notre curiosité et notre peur augmentent (suspense). Le point de vue choisi (« focalisation ») influe directement sur le suspense. La peur est partagée par nous ; le soulagement du héros aussi. C'est le propre de l'identification. Truffaut voit d'ailleurs dans l'art d'Hitchcock un *« emploi très personnel de la lenteur et de la rapidité, de la préparation et de la fulgurance, de l'attente et de l'ellipse ».*

Le suspense s'insère dans un ensemble de procédés (le découpage de l'action, l'agencement des épisodes, la focalisation, l'identification) qui visent à nous faire participer activement à la fiction mais le réalisateur reste le maître. Il nous manipule au point que, poussés à leurs limites, ces procédés pourraient malmener sérieusement la personnalité du lecteur et surtout du spectateur, le laissant sans défense devant une tentative de manipulation plus grave, d'endoctrinement par exemple. Certes Hitchcock savait aussi utiliser la distanciation mais d'autres aujourd'hui, prennent-ils ces précautions ? Jusqu'où l'art du récit filmique peut-il aller dans le suspense ? Il est possible d'en débattre avec les élèves (v. infra).

Renforcer le jeu des prévisions

L'action dans le récit se noue et ce nœud sera plus tard dénoué. Lire, c'est, entre ces deux bornes de la lecture du récit, prévoir, anticiper, modifier ses hypothèses en fonction de ce que le narrateur apporte comme informations nouvelles à chaque page. On sait que la lecture se nourrit justement de ces hypothèses déçues puis recommencées, de cette connivence avec la voix qui raconte et qui donnera la solution. L'activité de lecture est proche d'une activité de résolution de problème à x inconnues.

Beaucoup de récits à énigme proposent justement au lecteur un jeu de prévisions et d'émissions d'hypothèses très prenant et, de surcroît, renforcé dans certains passages décisifs. Le récit culmine là où les informations accumulées sont enfin synthétisées. Ainsi au chapitre XII du *Chien des Baskerville* de Conan Doyle, le docteur Watson, principal narrateur, va apprendre de Holmes qui est, à coup sûr, le mystérieux criminel. Mais nombreux étaient pour lui jusqu'à ce moment les suspects (v. annexe, p. 149). De même, de nombreux récits pour la jeunesse proposent au lecteur une activité aussi forte. Les romans de Robert Cormier (en particulier *La guerre des chocolats, En pleine nuit*, l'école des loisirs, coll. « Médium ») ou de Moka *(La marque du diable, Ailleurs rien n'est tout blanc ou tout noir*, l'école des loisirs, coll. « Médium ») par exemple installent d'emblée un rythme haletant qui entraîne une participation plus forte du lecteur au récit (v. annexe, p. 152).

La découverte du récit au collège est donc étroitement liée au développement, chez le jeune lecteur, à la fois du jeu et du savoir. La place du jeu dans la lecture n'est d'ailleurs pas un grand mystère. Elle entraîne une exploitation considérable, dans la littérature de jeunesse actuelle, des ficelles du récit à suspense. Les adolescents ne sont d'ailleurs pas dupes même si l'accès à d'autres types de récit leur semble plus difficile. La force du récit pour la jeunesse, comme ceux de Robert Cormier, réside toutefois dans un équilibre subtil, éloigné de toute « recette » d'écriture, entre jeu et savoir. Le suspense y est étroitement relié à une exploration d'une société moderne, urbaine dont certaines caractéristiques éclairent de nombreux faits divers récents ayant mis en scène des adolescents en proie à une violence incontrôlable.

Chapitre II

COMMENT PARLER DU RÉCIT ?

« C'est facile à lire, mais c'est pas facile à comprendre » (p. 36)

Le récit découvert au collège appelle traditionnellement la médiation de l'adulte dans un sens précis, celui du commentaire de texte qui s'attache méthodiquement à faire valoir les intentions de l'auteur à la lumière des moyens d'expression utilisés, qui vise donc à en déployer des significations soustraites à l'évidence de la première lecture. Le récit serait-il d'essence métaphorique pour justifier une telle démarche ? L'élève qui reçoit ou participe à l'élaboration du commentaire se trouve en effet invité à découvrir un sens non littéral, caché, là où il n'y en a pas. Le commentaire de texte ne peut s'appliquer indifféremment au récit et au poème où il semble plus justifié en raison de la richesse des figures. Pratiqué aujourd'hui sous l'appellation « lecture méthodique », il tend toujours à situer le récit à l'écart des usages plus ordinaires du langage. En dépit de l'évidence de son expérience de lecture, l'adolescent est alors placé dans l'impossibilité de dire lui-même le sens. Il ne lui est pas permis de donner au récit la même signification qu'à d'autres emplois du langage.

Sa lecture n'est cependant pas si différente de ce qui se passe dans la conversation par exemple. Les raisons qui poussent souvent les adolescents à parler, entre eux et spontanément, du récit, de leur lecture du récit nous semblent ôter sa légitimité à ce traitement si particulier du récit littéraire en classe. Ces raisons résident dans l'**accord** ou le **désaccord** que le jeune lecteur veut exprimer à l'égard de la voix qui raconte, qui met en scène les personnages. Il existe une « logique du récit », très aléatoire, qui parfois fait problème : l'action aurait pu basculer dans un autre sens, le personnage agir différemment. Qu'est-ce qui l'a déterminé ainsi ? Sur ce point, le lecteur est invité à entrer intimement dans la psychologie du personnage. Il lui faut développer des savoirs pour découvrir ou préciser le jeu que lui propose le récit, son **infléchissement** dans telle ou telle direction. Ce sont surtout les choix du narrateur que le lecteur apprend à reconnaître et à apprécier. Le « sens » du récit est pour lui autant synonyme de « direction » (prise par les événements) que de « signification ».

C'est bien comme énoncé inséré dans une situation de communication différée que le récit écrit est perçu et admis. Il garde un lien avec les énoncés de la conversation ordinaire où les arguments de mon interlocuteur m'incitent souvent à réagir, pour les approuver ou non. Par son récit, un auteur, même s'il n'est pas connu de lui, émeut le lecteur (étymologiquement : le met en mouvement). Une voix, portant le récit, l'interpelle.

Dès lors, pourquoi attribuer un sens littéral et un sens figuré au récit comme cela est impliqué dans tout commentaire de texte ? En tant qu'énoncé pris dans les usages ordinaires de la langue, **le récit n'a qu'un sens**. C'est l'usage qui est fait par l'écrivain de ce type d'énoncé qui explique la difficulté, ressentie par le lecteur adolescent, face à un récit plus long et complexe. Il lui faut en effet se décider au regard de l'intention – supposée, « re-connue » – de l'auteur : que veut-il me dire ? Comment clarifier le sens de ce récit ?

Un objet de superstition

La pratique du commentaire est révélatrice de certaines **formes de superstition** attachées au texte littéraire. Superstition qui s'explique par la puissance évocatrice dont on a investi le texte littéraire, en particulier depuis le romantisme. Certes le récit littéraire n'est pas n'importe quelle forme de discours. Le

« métier » de l'écrivain l'a augmenté de significations dont on ne trouve pas trace dans un usage plus ordinaire de la langue. Mais c'est bien dans l'esprit du lecteur et non dans le récit lui-même que se trouve la source de ce que les mots évoquent ou signifient. Le récit fabrique des résonances. Il n'y a au fond qu'une lecture, « naïve », où les mots disent déjà tout. Ils ne sont pas insuffisants ou superficiels et n'appellent donc pas un commentaire extérieur. Le récit littéraire n'est pas un moyen artificiel de transmettre quelque chose (une émotion, une idée par exemple). Il n'est pas un moyen de faire savoir aux autres ce que l'on veut dire. Il est l'expression même de ces émotions, de ces idées. Le récit ne vient pas après coup : il est l'élément même dans lequel ces émotions, ces pensées, ces idées existent. Nul besoin donc de chercher ce qu'il veut dire au-delà de ce qu'il dit déjà.

Un enracinement dans les façons ordinaires de parler

Le récit littéraire n'a donc pas droit à des privilèges par rapport aux autres usages du langage. Il appelle, chez le lecteur, une écoute puis une « réponse » à ses sollicitations en termes d'émotion ou d'indifférence, d'accord ou de désaccord à l'égard d'un personnage, d'une action. Il incite à réagir. Sa compréhension n'est pas différente fondamentalement de celle d'un geste ordinaire ou d'une phrase entendue. Elle est rendue plus complexe par l'absence physique de l'auteur. Si le récit creuse l'écart par rapport à d'autres façons de parler, il n'en est pas moins pourvu d'un sens que l'enfant ou l'adolescent peut atteindre seul. Face à lui, il n'est pas nécessaire de recourir au principe de **l'intention cachée**. L'essentiel est de voir comment la communication y dévie toujours en expression et se charge en émotions.

Le récit littéraire, d'essence verbale, se trouve ainsi fort éloigné du récit filmique. Les subtilités subjectives de l'image cinématographique appellent sans doute plus naturellement un commentaire interprétatif qui vise à délimiter le sens, toujours polysémique, de l'image. Il en va autrement du récit verbal dans lequel les mots sont agencés de telle sorte que leur sens puisse être facilement cerné. C'est d'ailleurs vers l'évidence de ce qui se montre et se dit dans le récit que le jeune lecteur veut attirer l'attention. Sa difficulté provient de l'impression d'étrangeté ressentie devant un texte apparemment soustrait aux limites du langage : « pas facile à comprendre », comme l'affirme cet adolescent à M.-A. Murail, car situé dans la poésie du langage.

Compléter le texte ou l'interpréter ?

À l'adolescence, un accès plus aisé aux principaux mécanismes du récit libère partiellement (v. infra) la plupart des lecteurs, devenus plus habiles, des tâches cognitives les plus importantes : hiérarchisation des personnages, actions, lieux, époques. Auparavant ils devaient consacrer beaucoup d'énergie à pénétrer le code interne du récit. Ils cherchent davantage aujourd'hui à compléter le texte dans sa vraisemblance, sa logique et surtout sa signification générale. L'adolescent a désormais accès à davantage de sens.

Pour Marie-Aude Murail (1994), les histoires se donneraient à lire à des niveaux qui ne sont perçus par les lecteurs que comme les images subliminales, c'est-à-dire inférieures au seuil de conscience. Les jeunes lecteurs n'analyseraient pas tout ce qui se passe en eux mais réagiraient émotionnellement en fonction de cette réserve sémantique du récit. Rire, cri, silence montrent parfois en classe en effet que le lecteur accède à d'autres niveaux de compréhension et d'interprétation de l'intrigue. Mais l'adolescent « devinerait » plus qu'il ne « comprendrait » la portée du récit proposé.

Plutôt que de recourir aux images subliminales, il nous semble que le lecteur se comporte d'abord comme le destinataire d'un acte de communication verbale différée (« c'est facile à lire… ») puis comme l'interprète d'un discours fortement codifié (« … mais c'est pas facile à comprendre »). Il voit en M.-A. Murail dans un premier temps l'origine et le garant d'une forme de discours appelé récit et, dans un second temps, l'auteur d'une œuvre. La présence même de l'écrivain dans la classe l'aide à saisir ce paradoxe qui veut que l'écriture littéraire rende le texte partiellement « autonome à l'égard de l'intention de l'auteur » (Ricœur, 1984). L'œuvre n'est pas seulement à lire mais à « comprendre ». L'intention de l'auteur n'est plus immédiatement donnée mais elle est à reconstruire. Et cette reconstruction même appelle une participation active du lecteur. Elle dépend en grande partie de son expérience, de sa vigilance et de son imaginaire. Au lecteur incombe la tâche de se rendre au-devant du texte.

Une adresse au lecteur

Texte initiatique, le récit littéraire pour la jeunesse invite à préférer les questions : qu'est-ce que le texte engendre ? de quoi est-il l'appel ? à la question plus traditionnelle de la critique littéraire : qui ou qu'est-ce qui en est l'origine ? Dans son essai, M.-A. Murail cite les réactions fort intéressantes d'un adulte prenant soudain intérêt à ces récits pour adolescents et découvrant brutalement que ceux-ci le concernent tout autant que les jeunes. Ainsi notre récit pour la jeunesse devient une sorte de lieu de rencontre entre deux types de lecteur. Il réunit autour de lui jeunes et moins jeunes. Quelle sorte de texte est-ce donc pour permettre de telles rencontres ? Grâce à lui et par lui, le lecteur se découvre « tel qu'en lui-même ». Lire introduit à une forme de **connaissance de soi**.

Mais, en classe, comment reconnaître au récit, parmi d'autres formes du discours, sa spécificité ? Les typologies de textes qui forment aujourd'hui l'ossature des programmes de français au collège peuvent nous égarer. Le « texte narratif » n'est pas vraiment un « type de texte » comme les autres, à égalité avec les autres. Au moins sous sa forme littéraire, il acquiert une originalité qui empêche de le mettre au même niveau que d'autres « pratiques discursives » situées dans la communication courante, de type utilitaire.

Notre hypothèse de travail sera ici que la théorie de la communication est en difficulté pour dire l'intérêt profond du lecteur ou de l'auditeur pour le récit littéraire. Celui-ci est fondé sur un mystérieux équilibre où signification et émotion sont étroitement liées. C'est pourquoi, dans le domaine de la littérature pour la jeunesse, les chefs-d'œuvre du genre (ceux de Lewis Carroll ou de James Barrie, l'auteur de *Peter Pan*, par exemple) échappent au clivage des lectorats alors qu'ils ont pour auteur un adulte qui s'adresse prioritairement à des enfants ou des adolescents. Mais que veut dire ici précisément « s'adresse » ?

Les analyses du discours (Jean-Pierre Bronckart, 1998) révèlent, dans leurs derniers développements, l'embarras que suscite le récit. Celui-ci semble bien en effet interrompre à un moment la communication immédiate et socialisée et renâcler à produire un sens utilitaire, tourné vers l'action immédiate. En cela, la prose du récit et la poésie auraient bien plus de points communs qu'on ne l'a dit. Nous nous restreindrons ici au récit pour la jeunesse pour souligner justement les paradoxes de la communication qui s'installe entre un auteur qui écrit pour la jeunesse et ce public, pour tenter de clarifier ce que signifie d'abord pour lui « écrire un récit pour les jeunes ». Quelle sorte de décision est-ce là ? Quelles motivations cachent-elles ? Il y va aussi sûrement du sens et donc de la portée du récit littéraire justement.

Au pays des Merveilles

Un détour par l'auteur et ses « intentions » nous paraît maintenant souhaitable. Rares sont ceux dont la personnalité, comme celle de Lewis Carroll, continue autant d'intriguer. Sa rencontre avec la jeune Alice Liddell en 1856 fut un moment décisif de sa vie. Ce jour-là, le moi du clergyman Dodgson se divisa en deux. C'est sur une rivière d'Oxford où il enseignait que naquit « Lewis Carroll ». Une promenade en barque avec son ami Duckworth et les trois filles de son supérieur hiérarchique, le doyen Dean Liddell, fit de lui un écrivain pour enfant et d'ailleurs uniquement cela. Carroll jusque là improvisait des contes mais ne les écrivait pas. Le 4 juillet 1862, il improvise à l'arrière de la barque, séparé des fillettes par son ami, *Les Aventures souterraines d'Alice*. Alice Liddell, sous le choc de ce récit, lui demande le lendemain de rédiger cette histoire. Carroll hésite puis s'exécute : il passera toute la nuit à se remémorer son récit, le transformant en l'amplifiant, ajoutant des épisodes :

« La presque totalité des Aventures souterraines d'Alice *fut racontée lors de cet après-midi d'été éclatant de lumière, tandis qu'une brume de chaleur frémissait sur les près, là où notre groupe avait mis pied à terre pour s'abriter un moment, à l'ombre des meules, près de Godstow. Il me semble que les histoires qu'il nous raconta cet après-midi là furent meilleures qu'à l'accoutumée, car je me rappelle très distinctement cette expédition, et je me rappelle aussi que, le lendemain, je commençai à le harceler pour qu'il rédige l'histoire pour moi, chose que je n'avais encore jamais faite. C'est à cause de mes « et après ? et après ? » et de mon insistance qu'après avoir dit qu'il y réfléchirait, il finit par me la promettre, mais avec quelque hésitation, et ainsi se lança dans la rédaction. »* (cité dans *Lewis Carroll, une vie* de Jean Gattégno, éd. du Seuil, coll. « Points », p. 28, 1974)

On voit que l'improvisation est tout de suite interprétée par Alice comme un événement. C'est que Carroll transforme avec un talent extraordinaire des faits immédiats selon son imagination. La promenade est comparable à un moment de rêverie où toute censure est supprimée. Cet homme cultivé, de bonnes manières, respectueux des codes sociaux de la société victorienne, brutalement s'en libère grâce au récit. Ainsi Duckworth, l'ami, devient le canard (« the duck ») de l'Etang des Larmes ; Lorina, la sœur d'Alice devient le Lori, Edith, la troisième, devient l'Aiglon (« the Eaglet ») ; Carroll lui-même, alias Charles Dodgson handicapé par un discret bégaiement, se transforme justement en « Dodo ».

Carroll effacera par la suite les références trop directes à cette promenade du 4 juillet mais son récit gardera toujours quelque chose de ses conditions d'origine. Le prénom d'Alice par exemple n'a jamais disparu. Dodgson-Carroll, « Dodo », y parle de lui-même, de ses hantises, de ses fantasmes (y compris sexuels bien sûr). Certes *Alice au pays des Merveilles* peut et doit se lire d'abord comme un conte d'une liberté d'invention extraordinaire. Il n'en reste pas moins vrai que, par ce conte et pour les beaux yeux d'Alice, Carroll, en proie d'habitude à un fort bégaiement qui traduit assez son émotivité, retrouva simultanément en lui l'enfance et la parole, et libéra son imaginaire.

Alice Liddell fut donc un peu sa Béatrice. Il en fut peut-être secrètement amoureux comme le laisse supposer la défiance de Mrs Liddell envers lui. Le révérend Dodgson laissa son autre moi imaginer ce « Pays des Merveilles ». Aucune mièvrerie là-dedans toutefois mais bien plutôt une étonnante entreprise de subversion des valeurs du monde adulte, en l'occurrence celles de la rigide société victorienne et sa sévère moralité.

Deux statuts fortement opposés

Parce qu'il se situe à l'origine du genre, Lewis Carroll nous aide à y voir clair sur les motivations de l'écrivain pour la jeunesse. Tout au long du développement de la littérature pour la jeunesse, la figure de l'enfant et de l'adolescent sera prise entre deux tendances opposées : l'intention moralisatrice et/ou didactique d'un côté, le défi lancé au monde des adultes d'un autre. Carroll, comme James Barrie et bien d'autres, est bien sûr du côté de la subversion. *Alice* offre une image grotesque d'une cour royale et il n'est pas illégitime de voir dans la Reine de Cœur une transposition peu flatteuse de la reine Victoria. Conservateur lorsqu'il redevient le clergyman Dodgson, Carroll multiplie avec plaisir les personnages d'adultes bornés, ridicules et cruels. Humpty-Dumpty a des allures de maître d'école infatué de lui-même. La Reine Rouge tyrannise Alice comme une gouvernante détraquée.

On assiste donc dans ce type de récit à une mise en cause frontale ou indirecte des valeurs adultes. Dans cette littérature, une telle mise en cause est souvent le fait d'écrivains occasionnellement « pour la jeunesse », d'hommes occupés à la ville par des tâches bien différentes (Dodgson enseigne la logique ; Barrie est journaliste ; Twain, alias Samuel Clemens, est un homme d'affaires). Ce type de récit est alors mené par un adulte qui parle de jeunes, de sa vision de la jeunesse, qui se met en scène, qui se raconte indirectement. De plus ce romancier est très souvent un homme (en particulier jusqu'à la première moitié de ce siècle), donc un père, réel ou potentiel : ni Barrie, ni Carroll n'ont eu d'enfant.

Pour saisir l'importance et la nouveauté que constituèrent ces récits, il faut avoir présent à l'esprit le poids du discours moralisateur et didactique présent autrefois dans le récit pour les jeunes. Ce moralisme limite et oriente le sens au point que ces récits sont souvent aujourd'hui « illisibles », les codes moraux ayant fortement évolué. Avec Carroll, Barrie, Twain ou Collodi, l'intention est différente. L'auteur se trouve être de plain-pied avec le monde des enfants et des adolescents, ce qui ne signifie nullement qu'il est infantile ! Le personnage n'est plus celui qui ne sait pas et doit tout apprendre de l'adulte. Au contraire, Alice fait éclater la vanité des adultes et de leurs sociaux. Tom Sawyer, quant à lui, fera à la fin du récit l'admiration de tous en procédant à l'inverse des principes éducatifs de son temps. Le roman de Twain est ainsi, surtout par son dénouement, le contraire du « conte édifiant ».

Dans tous ces récits sourd une contestation plus ou moins aiguë de l'adulto-centrisme qui, comme l'ethnocentrisme et le machisme, se voit violemment remis en cause à partir du siècle dernier. Cette contestation culminera au XXe siècle avec, dans le domaine des arts plastiques, la valorisation des dessins d'enfant et, dans le domaine qui nous intéresse, la floraison de fictions romanesques écrites par des écrivains rarement spécialisés. Ce sera la génération des Jules Renard (*Poil de carotte),* Louis Pergaud (*La Guerre des boutons),* Charles Vildrac (*Amadou le bouquillon)* puis des Maurice Druon (*Tistou les pouces verts),* André Dhôtel (*Le Pays où l'on n'arrive jamais).* Les littératures anglaise (James Barrie, *Peter Pan* ; Frank Baum, *Le Magicien d'Oz*) et italienne (Carlo Collodi, *Pinocchio*) connaissent les mêmes changements. Elles anticipent et participent d'un vaste bouleversement des mentalités. La jeunesse ne sera plus jamais regardée comme avant.

Un adulte écrit donc, un écrivain met en scène un ou plusieurs jeunes. Il valorise souvent l'enfance et l'adolescence au détriment des valeurs du monde adulte. La critique est implicite (sociétés secrètes fonctionnant selon ses règles propres chez Pergaud par exemple) ou explicite (rigidité du monde scolaire de la Troisième République chez Vallès, désamour parental chez Renard, corruption chez Mac Orlan).

Toutes ces fictions seraient incompréhensibles sans une connaissance du changement d'attitude à l'égard de la jeunesse tout au long des deux derniers siècles. Ces écrivains sont ainsi à l'avant-garde des courants d'idées qui vont culminer dans les nouvelles pédagogies centrées sur l'apprentissage au vingtième siècle (Freinet, Montessori, Batulek, Dewey...).

Mais les chemins restent différents car les raisons personnelles des écrivains, leur propre « roman familial » (l'expression est de Freud) ou des événements familiaux essentiels jouent bien sûr un rôle prépondérant dans le déclenchement de l'écriture. Le récit est alors transposition artistique. Il est exaspération ou tentative d'apaisement de conflits personnels actuels ou passés, voire un véritable exutoire. Mais tous les écrivains ne procèdent pas comme Carroll ou Barrie. L'expression de la révolte peut être ouverte, brutale, comme une montée de sève. C'est l'affirmation franche d'une indépendance, une défense sans condition d'une liberté qui fait de la jeunesse une vie en raccourci, un monde en soi avec son début et sa fin, ses rites et ses codes, son langage et ses postures, avec ses découvertes, ses bonheurs et ses traumatismes d'autant plus forts que l'esprit est tendu vers le monde extérieur.

Chez d'autres, il s'agira plutôt d'une tentative d'accommodation, d'une adaptation ou d'une acclimatation, voire d'un dressage s'il le faut. Résignation légitimée parfois par des positions philosophiques (ainsi Goethe dans son *Wilhem Meister*), morales ou religieuses. Sur bien des plans le **roman d'apprentissage** (ou Bildungsroman), dans lequel la loi du monde adulte est apprise dans les larmes, contredit le roman pour la jeunesse qui laisse davantage parler l'enfance. Michel Tournier, adaptant *Robinson Crusoë*, affirme d'ailleurs ne pas écrire pour les enfants car ce type de livre serait, selon lui, un « faux livre » (in *L'École des lettres*, mai 1989, p. 62-64).

Entre ces deux pôles, révolte ou apprentissage, les combinaisons restent bien sûr nombreuses. Une série de tensions habitent le courant de la révolte qui se reflète dans le choix de pseudonymes (celui par exemple du révérend et professeur de mathématiques, Charles Dodgson, alias Lewis Carroll) ou dans les déclarations qui accompagnent le récit proprement dit : les intentions affichées ne cadrent pas toujours avec celui-ci. Qui écrit ? Pourquoi et pour quoi écrit-il ? Le récit pour la jeunesse, s'il évite l'écueil du didactisme, marginalise souvent son auteur en particulier au siècle dernier. Il faut alors se servir de l'alibi de l'édification pour écrire. Jules Verne par exemple, politiquement conservateur mais artistiquement novateur, se trouve ainsi au centre de plusieurs contradictions.

La jeunesse vue comme une énigme attirante

Tout un courant du récit pour la jeunesse affirme l'existence d'une énigme de l'enfance et de l'adolescence et, même si sont tus d'éventuels facteurs personnels déclenchant son exploration, l'écrivain trahit souvent dans des écrits plus intimes ses obsessions et la complexité de ses motivations. Ainsi sans l'existence d'un journal intime, Lewis Carroll serait resté une énigme. Il y fait d'abord mention de rencontres avec des enfants, rencontres qui étaient sa principale préoccupation. En Angleterre, la littérature pour la jeunesse a plus souvent qu'ailleurs décrit le monde fermé, retranché de l'adolescence et ce, à travers deux lieux clos : la nursery et le collège. Un système de valeurs à part, une hiérarchie savante et complexe y forment les thèmes de l'intrigue. C'est le cas du roman, *Stalky and Compagnie*, de Rudyard Kipling et de nombreux romans de Frances Burnett. Un univers séparé, replié sur lui-même, excite la curiosité des adultes (v. *La Tour d'écrou* d'Henry James et, plus récemment, *La guerre des chocolats* de Robert Cormier).

En France, on retrouve cet univers clos des collèges et des pensionnats dans quelques romans plus ou moins autobiographiques (*L'Enfant*, Jules Vallès ; *La Gloire de mon père*, Marcel Pagnol). Davantage qu'une nostalgie de l'enfance s'exprime une critique voire un refus du monde adulte. Issue du romantisme, la littérature pour la jeunesse a oscillé entre idéalisation de l'enfance (v. Hetzel-Stahl, *Les quatre filles du Dr March*, 1880 ; Charles Nodier, *Trilby*, 1822, *La Fée aux miettes*, 1832 ; Georges Sand, *François le Champi*, 1848 ; *La Mare au diable*, 1846 ; *La Petite Fadette*) et un discours normatif et moralisant (v. le titre de Mme Delafaye en 1825 : *Les Petits Béarnais, ou leçons de morale convenables à la jeunesse*). D'abord édifiants, ces récits mettent plus souvent ensuite en scène des enfants sans point de vue adulte dominant et réducteur. Parallèlement une certaine littérature pour adultes gagne le jeune public à travers le roman d'aventures (Walter Scott, Fenimore Cooper, Alexandre Dumas, Jules Aymard, Jules Verne, James Stevenson…).

Dans le roman de collège ou d'évasion anglais (Kipling, Carroll), l'amusement prime, ce qui n'empêche nullement la « profondeur ». Anticipant les travaux des psychologues de l'enfance (de Jean Piaget à René Diatkine), Lewis Carroll souligne avec *À travers le miroir* l'importance chez le jeune de la question de l'identité ou de celle du langage. Le questionnement de son personnage tend à se confondre avec celui-là même du jeune sur le monde. Son être intime est mis au jour avec une perspicacité étonnante. L'écriture littéraire, grâce à ses jeux de point de vue, permet au lecteur d'être lui-même de plain-pied avec ce questionnement au point de se fondre dans le personnage qui acquiert alors en lui une présence extraordinaire.

Continuité d'un genre

De Carroll aux romanciers pour la jeunesse d'aujourd'hui, il n'y a pas selon nous de solution de continuité. Le questionnement s'élargit. Le regard se tourne davantage vers le monde, celui de la télévision et du cinéma, de l'urbanisation massive. Les thèmes fondamentaux que sont la liberté, la misère, le racisme, l'échec, la solitude, la sexualité, l'amitié... prolongent ceux de Carroll ou de Barrie. Ainsi, aussi bien sur son pôle fantastique que sur son pôle réaliste, cette littérature s'approche du questionnement réel de l'adolescent, qu'il soit dirigé vers lui-même ou vers le monde. Peskine, dans *Ça s'arrangera* (l'école des loisirs, coll. « Médium »), s'interroge avec ses personnages sur le vieillissement. Serge Perez, dans *Les oreilles en pointe* (l'école des loisirs, coll. « Médium »), sur l'échec scolaire. Mais, du moins dans ses meilleurs titres, elle tourne le dos, comme Carroll, au moralisme et au didactisme de ses débuts qui font fi de ce vrai questionnement du jeune. Réaliste ou non, elle montre toutefois le monde d'un ou plusieurs individus qui se déploie dans une société plus incertaine et divisée que ne l'était celle où vivait le professeur Dodgson.

Tantôt elle tend vers le pessimisme à travers des intrigues où la relation adulte/jeune est vouée à l'échec. De nouveaux Huckleberry Finn luttent contre l'instituteur ou le professeur *(La guerre des boutons, Les oreilles en pointe)* ou contre d'autres adultes qui projettent sur l'enfant et l'adolescent leurs ombres terrifiantes. Les conséquences sont presque toujours les mêmes : repli sur soi (James Aldridge, *La véritable histoire de Spit Mac Phee,* Hachette), développement du monde intérieur, haine, fugue, délinquance. Si la société des enfants peut se développer en vase clos, elle ne tardera pas à ressembler à celle des adultes (William Golding, *Sa Majesté des Mouches,* Gallimard, coll. « Folio »).

Tantôt une littérature plus optimiste tente de passer de l'idéalisation de la jeunesse à la mise en scène de la réalité de la jeunesse. C'est le thème de l'enfant perdu et retrouvé, de l'enfant puni puis pardonné, de l'enfant-sauveur d'adultes. Le jeune humain trouve des substituts consolants : un animal (Barry Hines, *Kes,* Gallimard, coll. « Folio »), des grands-parents (Peter Härtling, *Oma,* Bordas), des amis (Louis Pergaud, *La guerre des boutons*, Gallimard, coll. « Folio »). Le jeune initié devient initiateur à son tour, médiateur de groupes qui s'opposent dans la société (*Spit Mac Phee*).

Ce thème a été d'ailleurs repris et exploré récemment dans le roman étonnant de Loïs Lowry *Le Passeur* (l'école des loisirs, coll. « Médium »). Son héros, Jonas, va avoir douze ans et vit dans une communauté où la vie de tous est déterminée, de la naissance à la mort, par un conseil de sages. Le libre-arbitre n'y existe pas plus que les sentiments. En effet, ce conseil choisit scrupuleusement les conjoints de chaque couple, les observe avant de leur attribuer un enfant né d'une mère porteuse et attribue, à l'âge de douze ans, une fonction précise à chaque enfant au sein de la communauté. C'est ainsi que Jonas se voit confier le rôle suprême de dépositaire de la mémoire. Au cours d'une année d'initiation, le « Passeur » lui confie un ensemble de souvenirs constitués tout à la fois de douleurs et de bonheurs. Fasciné et, en même temps, effrayé par sa tâche, Jonas transgresse l'interdiction formelle qui lui est faite d'aller voir l'« Ailleurs » après avoir découvert le terrible secret de l'« élargissement » qui est, à parler clair, une élimination pure et simple des exclus. Le désir de fuite sera alors le plus fort.

Récit sur le secret, *Le Passeur* met en scène un monde dans lequel des jeunes jouent un rôle décisif dans la transmission des valeurs d'une société.

Un autre enseignement

Comme le montre allusivement le récit de Lowry, c'est entre le danger de l'idéalisation et celui du didactisme ou du moralisme, que le récit pour la jeunesse a dû, depuis son origine, se frayer une voie originale. L'écrivain pour la jeunesse agit en effet à partir d'une « inculture » fondamentale et positive : le jeune, devenu lecteur grâce à l'école, ne sait pas, s'interroge, s'ouvre à un questionnement d'autant plus aigu et essentiel qu'il est neuf et personnel. D'une certaine manière, l'écrivain lui répond par un exemple et sans faire de commentaire qui détruirait le charme qu'exerce le récit. L'art du récit et l'art de lire suivent des chemins qui ne se croisent qu'ici. C'est pourquoi l'écrivain jeunesse aujourd'hui ne peut se passer totalement de l'institution scolaire et de la médiation des enseignants. S'il fait surgir l'universel du particulier, l'enseignant, quant à lui, rapproche l'enfant du livre.

L'écrivain est un maître différent : il « enseigne » en se taisant et en faisant un récit. Il ne s'adresse pas à un destinataire trop précis. Il reste à la fois proche et lointain, présent et absent dans sa réponse. Il suggère sans conclure et propose des références à méditer. De ce fait, son récit parvient à relier le lecteur aux autres, lui montre ce qui en lui, dans son expérience personnelle, est « commun », c'est-à-dire partagé.

Différent d'un énoncé pris dans une situation d'énonciation particulière, le récit est un texte qu'à elle seule la connaissance de l'identité et des intentions de l'« émetteur », pour peu qu'elles soient connues, ne suffit pas à élucider. Il y a un reste, un surplus qui fait la différence. Mais ce surplus n'installe pas pour autant le récit dans la métaphore. Le lecteur est en quête de sens, du sens par exemple de l'expérience humaine qui se propose à lui. Le récit lui dévoile des constantes, des points communs de cette expérience. Il dit ce qui est commun tout en fuyant la banalité par une dramatisation de l'action humaine. Le récit initie en révélant ce qui est non pas secret mais caché par la prégnance des situations ordinaires de la vie. C'est dans sa propre expérience que le jeune lecteur trouvera les moyens de l'interprétation. Lire n'est plus dès lors seulement une technique mais devient une expérience essentielle. C'est pourquoi aussi l'enseignant et l'écrivain pour la jeunesse ont besoin l'un de l'autre.

Une mise en communication

Le récit littéraire porte donc plus loin le problème de la communication. En tant qu'énoncé obéissant à des règles en partie codifiées, par ses thèmes, son vocabulaire, il s'adresse à des enfants ou à des adolescents mais l'interprétation à laquelle il s'ouvre excède ce lectorat. S'il parvient à éviter le moralisme ou le didactisme, il rejoint la force d'évocation du poème et, pour les mêmes raisons que lui, son interprétation reste infinie. En unissant son expérience à celle des personnages de la fiction, chaque lecteur en déploie la richesse. Le récit agit comme un test projectif. Issu des formes du parler ordinaire, il se soustrait cependant aux règles de la communication immédiate de type utilitaire. Il met alors **en communication** plus qu'il ne communique. S'il tend vers l'apologue, il ne se limite jamais à un sens arrêté, permanent, trop facilement délimitable et qui, extrait une fois pour toutes, pourrait se substituer à la lecture du récit.

De ce fait, pour le jeune lecteur (pour tout lecteur ?), le récit, discours différent et subversif, s'insinue en lui, réoriente ses questions sur le monde, leur donne une nouvelle et provisoire configuration.

Parler autrement des textes

Mais au collège, le récit littéraire est souvent tenu à distance. C'est pourquoi la lecture scolaire a un statut si ambigu pour les adolescents qui lisent le monde et leur expérience du monde à travers le **prisme du récit**. Multiples sont les malentendus au collège en particulier où l'adolescent attend bien autre chose qu'un commentaire dont les finalités lui échappent.

Parler des textes, en l'occurrence des récits littéraires, devient un problème. Un discours critique aseptisé tient lieu parfois d'unique voie d'accès. Le sens littéral du récit paraît sans légitimité. Les réactions qu'il suscite, comme le feraient les arguments de mon interlocuteur dans une conversation ordinaire, sont ignorées. L'expression du vécu de la lecture semble alors indésirable et se voit repoussée en-dehors des limites du dialogue pédagogique. C'est pourquoi nous voudrions ici souligner d'abord l'intérêt de pratiques argumentatives comme le **débat** qui permet de parler du texte directement.

Devant le désintérêt que suscite la lecture « naïve », les élèves du collège peinent à s'investir dans d'autres formes de lecture qui appellent une mise à distance du récit. Beaucoup d'enseignants voient dans la pratique du commentaire une prérogative voire une mission indiscutable du professeur de français. La « naïveté » n'a alors pas droit de cité en classe tant on se méfie de l'expression du vécu de la lecture et des risques de débordement qu'elle semble créer. La langue écrite littéraire est éloignée des usages du langage ordinaire. La situation de réception d'un récit littéraire risque alors de se présenter comme l'antithèse d'une situation ordinaire d'interlocution où émetteur et récepteur échangent constamment leur rôle, où la communication, à la fois verbale et non-verbale, fonctionne au prix de quelques réajustements.

Parler de sa lecture

L'intérêt en classe de pratiques argumentatives comme le **débat** est, à ce sujet, multiple. Elles peuvent être utilisées de façon fructueuse en particulier pour rendre plus conscients certains effets de la lecture. Or parler de sa lecture peut se faire :

- *directement* :

On peut par exemple laisser les élèves débattre des récits qu'ils connaissent déjà mais en fournissant un cadre préalable pour une recherche d'arguments :

1) Chercher par exemple les procédés du suspense dans le récit : sur quoi repose-t-il ? comment est-il renforcé ?

2) Quels savoirs délivre le récit littéraire ?

- *ou indirectement* :

Divers travaux d'écriture permettent de « raconter » sa lecture sans se livrer à toute la classe : inventer et insérer par exemple un épisode qui retardera le dénouement du récit.

La pratique du débat se situe donc dans le premier cas. Elle peut s'insérer dans celle, plus générale de l'argumentation. Les recommandations officielles pour le collège fixent en effet comme objectifs à la fois la consolidation de l'étude des formes narratives et descriptives et l'introduction à la pratique de l'explication et de l'argumentation.

L'étude de la langue devrait toujours compléter l'étude des textes, « notamment littéraires », en permettant de dégager et de maîtriser les marques syntaxiques des discours. Mais la nécessité d'étudier de près les pôles explicatifs et argumentatifs invitent aussi à étudier certains actes de communication oraux – le débat par exemple - comme écrits et ainsi d'introduire des savoirs nouveaux à plusieurs niveaux :

- **celui de l'énonciation** : qu'est-ce qu'expliquer, qu'est-ce qu'argumenter ? dans quel but (vulgarisation, persuasion, orientation d'un choix, incitation à l'action...) ? pour qui (néophyte, adversaire, collègue de travail, camarade de classe...) ? sur quel support (textes technique, descriptif ou narratif ; images explicatives ; exposés, articles de presse ou d'usuel ; livres documentaires ; plaidoyer, réquisitoire, pamphlet, texte publicitaire...) ? quelles sont les marques de l'objectivité dans le discours explicatif (constructions impersonnelles), celles de la subjectivité dans le discours argumentatif (pronoms personnels et adjectifs possessifs renvoyant à la première personne, substantifs et adjectifs subjectifs, verbes à modalités expressives, adverbes modalisateurs d'énoncés...) ;

- **celui de l'organisation des énoncés** : comment explique-t-on et argumente-t-on ? (répartition de l'information ; phénomènes de substitution et d'anaphore ; types de progressions thématiques et rôle du passif ; recours éventuel à des tableaux ou des schémas dans le texte explicatif ; place respective de la thèse, des arguments et des exemples dans le texte argumentatif...) ;

- **celui des types et des formes de phrases, des procédés grammaticaux** qui rendent l'explication ou l'argumentation plus claires et efficaces (phrases interrogatives, exclamatives ou injonctives ; phrases complexes avec expression de la cause, de la conséquence, du but, de l'hypothèse ou de la concession ; phrases avec mise en relief...) ;

- **celui des classes de mots** préférentiellement utilisées dans ces formes de discours (adjectifs déterminatifs de relation ; déterminants servant à généraliser ; adverbes de liaison et conjonctions qui assurent la cohérence et la progression des énoncés dans le texte avec valeurs de cause, de conséquence, d'opposition, d'addition, de succession, de transition, d'illustration, d'explication d'une idée…) ;

- **celui du lexique employé** (termes spécialisés, adaptés, valorisants ou dévalorisants, génériques…) ;

- **celui des figures de style** qui donnent plus de force aux arguments (métaphore, hyperbole, apostrophe, énumération, gradation, répétition…) ;

- **celui du temps** le plus souvent employé (en l'occurrence le présent de vérité générale).

La pratique du débat fournit un cadre régulateur intéressant à l'argumentation et certains récits littéraires peuvent aisément en constituer le support (v. annexe, p. 155).

Les préalables au débat

Dans la perspective d'une pédagogie de ce type d'oral, il nous semble important de dégager au préalable les **enjeux** et les **principes de fonctionne-**

ment d'un débat et commencer à construire avec les élèves une fiche-outil évolutive, réutilisable en situation fonctionnelle ou fictive. Il s'agit ensuite de conduire l'élève à ouvrir un espace communicationnel et à adopter l'attitude qui convient à la situation créée par le débat : rester calme, écouter l'« adversaire », éviter la violence et l'agressivité. L'enjeu est de faire prendre conscience à l'élève que le débat est un affrontement purement verbal, une activité langagière qui suppose que l'on raisonne, que l'on justifie son point de vue.

Il convient de conduire l'élève à tenir compte de l'enjeu du débat : convaincre quelqu'un et prendre en compte le destinataire, ce qui implique :

- des connaissances sur l'interlocuteur, sur ses goûts, son identité, son statut social, ses attentes ;
- des connaissances sur le public (si public restreint).

Le débat sur le récit est une affaire de **points de vue**. Il s'agirait donc aussi de faire prendre conscience à l'élève de la notion de point de vue dans l'argumentation, c'est-à-dire de la liaison entre les arguments avancés par un argumentateur et le statut social ou le système de valeurs auquel il se réfère plus ou moins consciemment.

L'expérience narrative

La question posée aujourd'hui n'est plus seulement celle du récit proprement dit, de son fonctionnement, de ses composantes et de ses mécanismes mais celle, plus générale, de la signification, ici et ailleurs, aujourd'hui comme autrefois, de l'expérience narrative. Le récit sera vu comme une fonction spécifique de la rationalité et de l'imaginaire qui, par la voix et l'écrit, lutte contre l'érosion de la communication utilitaire. Pour celui qui le dit ou l'écrit, il constitue la réalisation symbolique d'un désir : l'identité virtuelle qui, dans l'expérience de la parole, s'établit entre l'auteur, le héros et le lecteur engendre une fantasmagorie libératrice. D'où le plaisir de raconter, plaisir de domination couplé au sentiment de captiver l'auditeur ou le lecteur associés au déroulement de l'histoire de façon narcissique dans l'espace d'une parole objectivée. Auditeur et lecteur s'identifient au porteur de la voix révélant ainsi un besoin, sans doute archaïque et universel, d'éprouver, en rupture avec la vie ordinaire, un véritable dédoublement et un décentrement de soi vers les autres, vers la logique des rapports sociaux que le débat peut utilement prolonger.

Chapitre III

UN OBJET « SITUÉ »

« Le lion de Kessel, c'est de vous ? » (p. 103)

Intérêt de l'enracinement factuel du récit

Le récit littéraire souffrirait d'être défini négativement par ses « manques » ou par ses différences radicales. Il gagnerait au contraire à être abordé chaque fois que possible dans ses points communs avec d'autres formes de récit, cinématographique par exemple. Il peut être fructueux pour cela de le mettre en relation avec l'activité même de raconter, fait universel et, au fond, **ordinaire**, ce qui ne veut pas dire simple. Le récit, comme l'a souligné la linguistique ayant pris appui en particulier sur les travaux de Ludwig Wittgenstein (1961), est, selon les mots du philosophe, un « jeu de langage » qu'il conviendrait de mettre en relation avec d'autres « jeux » justement. Le débat, dont nous venons de parler, en fait partie.

Or, cinéma et littérature proposent souvent des récits possédant la même base de faits réels, des récits qui se présentent comme autant de variations sur un thème donné cette fois par la réalité. En donnant à lire chaque récit à la lumière de ce jeu de points de vue, on privera certes le récit de son aura traditionnelle dans la critique littéraire. Mais ce sera pour le réinstaller dans un horizon plus familier, celui du langage ordinaire justement.

Nous formulerons ici l'hypothèse que l'éloignement des élèves par rapport à certaines formes de récit est d'abord un éloignement par rapport à certains usages très élaborés du langage. Éloignement et non pas fracture. Les adolescents connaissent et pratiquent quotidiennement le récit, souvent sur la base de ce qu'il est convenu d'appeler le fait divers. **Requalifier** en classe cet usage courant du langage permettra de montrer la **continuité** qui va du récit factuel au récit littéraire. Encore faudrait-il, pour établir cette démonstration, pouvoir partir de quelques exemples familiers.

Un fait divers exemplaire

La littérature abonde justement en récits dont le point de départ est constitué de faits sur la base desquels le narrateur prend en quelque sorte son élan et ajoute son interprétation. Un exemple illustre est fourni par la révolte menée sur le vaisseau britannique

La *Bounty* en 1789 par quelques marins excédés par les mauvais traitements qu'ils avaient endurés jusqu'alors. Ce fait divers est vite devenu une sorte de récit **exemplaire, archétypal,** à partir duquel les imaginations des créateurs pouvaient fonctionner avec plus ou moins de liberté et de talent.

Voici un rappel des faits bruts. La *Bounty* est un vaisseau britannique commandé en cette année 1789 par un ancien officier du célèbre explorateur James Cook, le lieutenant William Bligh. Celui-ci, qui a la réputation d'un marin expérimenté mais au caractère difficile, accomplit une mission précise pour son pays : transporter de Tahiti aux Antilles anglaises des pieds d'arbres à pain pour nourrir les esclaves des colonies. À bord du navire se trouve quarante-six hommes dont un botaniste et son assistant.

Mais sur le chemin du retour, à la date du 28 avril, au large de l'île de Tofoa, une mutinerie éclate à bord. L'un des officiers, second maître d'équipage, Fletcher Christian, et d'autres hommes d'équipage se débarrassent de Bligh et de dix-huit de ses hommes en les abandonnant en pleine mer à bord d'une chaloupe non pontée.

Après une traversée de plus de 5800 kilomètres, la chaloupe réussit à gagner l'île de Timor le 12 juin. Pendant ce temps, Fletcher Christian ramène la

Bounty à Tahiti. Seize mutins restent sur l'île ; les autres, au nombre de vingt-sept Européens et dix-huit Tahitiens et Tahitiennes, Fletchter en tête, cherchent à atteindre une île inconnue des cartes marines de l'époque. Ils trouvent Pitcairn, dans laquelle ils établissent une colonie.

En 1791, sur le rapport de Bligh qui a survécu, une frégate, la *Pandora*, commandée par le capitaine Edward, est envoyée dans les mers du Sud à la recherche des mutins. Ceux qui étaient restés à Tahiti, vivant dans l'entourage du roi Pomaré, sont livrés par celui-ci aux Anglais. Mais le retour en Angleterre est mouvementé et la *Pandora* fait naufrage près de l'Australie. Parmi les survivants arrivés en Angleterre et traduits en justice, cinq sont acquittés, deux bénéficient des circonstances atténuantes, et les trois derniers sont pendus.

Un vaisseau américain, le *Topaz*, découvre en 1814 une île inconnue, Pitcairn, et apprend de John Adams, ancien de la *Bounty*, le destin des mutins. Fletcher Christian et ses compagnons, après avoir rejoint cette île déserte et isolée, se sont entre-tués.

Ce récit de base a été repris et amplifié aussi bien par des écrivains que par des artistes et des réalisateurs. Dès 1790, le peintre Robert Dodd immortalise la scène de l'abandon sur la chaloupe. Il est suivi en cela au

XIXe siècle par d'autres artistes et illustrateurs comme J. R. Amston, Collings, Phiz et, en France, Benett. Surtout, des grands noms de la littérature s'emparent très vite des faits. En 1813, lord Byron, poète anglais, publie en Italie un long poème, « *L'île ou Christian et ses compagnons* ». Puis en 1831, l'écrivain sir John Barrow publie le récit en compilant les diverses sources connues : journaux et lettres des mutins. Son livre a d'ailleurs pour titre *The Mutiny et Piratical Seizure of H.M.S. Bounty*. *Les Révoltés de la Bounty* est aussi un célèbre roman tiré d'une trilogie de Charles Nordhoff et James Norman Hall, tous deux collaborateurs du magazine *l'Atlantic Monthly* avant la Première Guerre mondiale. Les deux hommes ont repris l'enquête en 1932 en mêlant avec brio diverses sources. Leurs livres (édités en français aujourd'hui par les éditions Phébus) ont obtenu un succès justifié partout dans le monde (34 traductions en 1991 !). De nombreux cinéastes s'en sont inspiré par écrire leur scénario. En effet, si les versions littéraires s'essoufflent au XXe siècle (on doit cependant à Robert Merle un roman, *L'Ile*, inspiré librement de ce fait divers), c'est au tour du jeune art cinématographique de prendre le relais. Dès 1933, le réalisateur Charles Chauvel propose sa version des faits en confiant le rôle de Christian au célèbre Errol Flynn. Puis c'est au tour de Frank Lloyd en 1935 (avec Charles Laughton et Clark

Gable), de Lewis Milestone en 1962 (avec Marlon Brando et Trevor Howard) et, plus récemment, de Roger Donaldson en 1984 (avec Mel Gibson, Anthony Hopkins et Laurence Ollivier). Tout récemment encore des journalistes de la télévision allemande ont enquêté sur Pitcairn et, de nouveau, proposé de corriger le portrait de Bligh.

Dans ces films, le récit de la mutinerie elle-même se voit compléter par d'autres récits secondaires mais tout aussi fascinants : l'arrivée et l'accueil réservés d'abord aux Anglais par les Tahitiens, la vie sur les îles, l'exploit de Bligh sur la chaloupe, la lutte des mutins entre eux ou avec les indigènes, la récupération de quelques mutins par la Pandora puis le naufrage. Chaque film donne plus d'envergure à certains épisodes secondaires.

La mutinerie a donné lieu à diverses interprétations souvent contradictoires d'abord en Angleterre, ensuite en France où d'autres faits divers comme le naufrage de la Méduse en 1816 au large de l'Afrique suscitent le plus vif intérêt populaire et inspirent les plus grands artistes tel Géricault. C'est certainement en pensant au *Radeau de la Méduse* que Jules Verne bâtit son propre récit en 1879 dont le second chapitre s'intitule justement « Les Naufragés ».

Une vérité de dévoilement

Dans tous les récits de l'événement quelque chose perdure que nous voudrions ici mieux cerner à l'aide de la question de l'adaptation cinématographique. En se transformant sans s'abolir dans un genre nouveau comme le cinéma, le récit a montré son étonnante capacité d'adaptation et de résistance au temps. La révolte de la *Bounty* a donné lieu à des récits en bien des points divergents mais presque tous promis à une grande audience comme si ces divergences entre les auteurs renforçaient l'intérêt du lecteur ou du spectateur au lieu de l'affaiblir. Pour aider à comprendre ce fait, Tzvetan Todorov (1984, 1991) a posé la question du lien entre littérature et morale, autrement dit de la valeur de vérité du discours littéraire :

« La littérature est un dévoilement de l'homme et du monde, disait Sartre, et il avait raison. Elle ne serait rien si elle ne nous permettait pas de mieux comprendre la vie. » (p. 34)

Or, selon Todorov, il faut distinguer deux sortes de vérités : la « vérité d'adéquation » et la « vérité de dévoilement » :

« Deux sens du mot, au moins, doivent être distingués : la vérité-adéquation et la vérité-dévoilement, la première ne connaissant comme mesure que le tout et le rien, la seconde, le plus et le moins. Que X ait commis un crime est vrai ou faux, quelles que soient par ailleurs les cir-

constances atténuantes ; et de même pour savoir si les Juifs sont, oui ou non, partis en fumée par les cheminées d'Auschwitz. Si la question porte cependant sur les causes du nazisme ou sur l'identité du Français moyen en 1991, aucune réponse de ce genre n'est concevable : les réponses ne peuvent contenir que plus ou moins de vérité, puisqu'elles aspirent à dévoiler la nature d'un phénomène, non à établir des faits. Le romancier n'aspire qu'à ce deuxième type de vérité ; et il n'a aucune leçon à donner à l'historien quant au premier. » (p. 67)

« Vérité-dévoilement », tel semble bien en effet ce qui confère, au récit de fiction, sa valeur mais aussi peut-être ses limites par rapport à d'autres formes du discours. La vérité de dévoilement du récit littéraire est au centre des préoccupations du jeune lecteur à partir du moment où il s'interroge sur son intérêt pour le discours de fiction et passe d'une lecture « naïve » à une lecture critique. Il s'agit là, pensons-nous, d'un bon levier en classe pour explorer le récit littéraire.

La question de l'origine du récit

Dans toutes les activités sur le récit proposées aux élèves bien peu se réfèrent à l'appétence même pour le récit au milieu de toutes les autres formes du discours, appétence lisible aussi bien dans la richesse et la pérennité des contes de la tradition orale que dans les développements les plus récents du récit filmique, dans sa version cinématographique ou télévisuelle. L'intérêt de livrer à la réflexion des élèves l'influence universelle et bien vivace du récit nous semble toutefois justifié et pourrait précéder une réflexion – toujours très abstraite si elle est coupée d'une réflexion plus générale – sur les composantes et les mécanismes du récit. Une telle ambition nécessiterait de partir du questionnement même des élèves et de ne pas être imposé de l'extérieur. Or l'expérience nous a montré que leur curiosité se focalisait souvent sur la conformité du récit avec le réel autrement dit sur sa **valeur de « vérité »**, sur la liberté et l'invention du « conteur ». Cette question de la « vérité » du récit semble étroitement dépendante des effets de lecture qu'il provoque (perplexité, hésitation, hostilité, amusement, tristesse, sympathie ou antipathie envers un personnage…) comme si le sujet lisant, dont l'activité d'imagination s'est intensifiée au contact du récit, réclamait, une fois le charme rompu, une **justification** du pouvoir que le récit a exercé sur lui, comme s'il voulait – après y avoir adhéré et s'être lié à elle dans une véritable connivence - se faire une idée plus précise de l'origine et la légitimité de la voix qui raconte si bien. Questions de l'**origine** donc et moins question de la finalité du récit que, somme toute, les élèves (se) posent bien peu souvent. D'où vient le récit ? Quelle est la part d'arbitraire ou de vérité dans ce qu'on me dit ? Quelle forme de liberté est à l'œuvre dans l'œuvre ? Quelles restrictions éventuelles brident cette liberté et cette toute-puissance de la voix ? Par quoi est-elle déterminée ? Quelles sont ses sources éventuelles ?

Une structure pré-narrative de l'expérience humaine

La question de l'origine et celle de la vérité du récit ne font qu'un à l'âge de l'approfondissement des savoir-faire de lecture. Elle est souvent la première que l'adolescent pose au récit et peut-être la plus décisive. Le récit est ainsi accepté comme étant à la fois « vrai » et « faux », sur une **base de réel** mais soutenu par la capacité d'invention d'un auteur. Cette base de réel permet souvent au pacte de lecture de se maintenir et son acceptation prépare à la découverte d'autres récits. Elle pose la question essentielle du rapport du récit avec l'expérience humaine, expérience pourvue de sens grâce, justement, au récit. Ce sens n'est d'ailleurs pas seulement transmis mais construit par le récit. Celui-ci fait (le) sens. Ce qui est « racontable » devient partageable. L'enchaînement des faits ne relève plus du hasard de la vie qui habituellement renvoie l'action humaine dans l'inconnu mais il appartient à un destin digne d'être raconté et gardé en mémoire par d'autres. Les faits successifs présentés découlent l'un de l'autre au lieu de se suivre dans la perplexité vécue des actions quotidiennes. C'est cela le « coup de force » du récit : relier **successivité, causalité et finalité**, agencer des faits en une œuvre.

Selon P. Ricœur (1984), il faudrait accorder à l'expérience humaine en tant que telle une « narrativité » qui ne procède pas de la projection de la littérature sur la vie mais qui constitue une authentique demande de récit. Autrement dit, il existerait une **structure pré-narrative de l'expérience humaine**, une « préhistoire » de l'histoire qui serait ce qui relie celle-ci à un tout plus vaste et lui donnerait un « arrière-plan ». L'homme est un « être enchevêtré dans des histoires » ajoute-t-il : raconter est un processus secondaire, celui du devenir-connu de l'histoire. Raconter (ou comprendre) des histoires n'est que la continuation de ces histoires non dites mais inscrites dans l'expérience.

Un problème de « focalisation »

En réponse à la question essentielle posée par l'adolescent au sujet de la valeur de vérité du récit et de son enracinement factuel, peut donc se construire avec lui une définition du récit comme **représentation d'actes** par le discours. Le récit « re-présente » des faits passés. Au moins dans le domaine littéraire, il se développe sur le mode rétrospectif du « cela s'est passé ainsi ». Il associe donc constamment aux faits mis en scène des **jugements** sur ces faits. C'est le problème de la **focalisation**. Reprenons comme exemple le récit que donne Jules Verne du fait divers cité plus haut sous le titre *Les Révoltés de la Bounty*. Verne vient de relater les premières minutes de la mutinerie puis il écrit :

« Tandis que les révoltés saluaient d'acclamations ironiques le capitaine Bligh et ses malheureux compagnons, Christian, appuyé contre le bastingage, ne pouvait détacher les yeux de la chaloupe qui s'éloignait. Ce brave officier, dont la conduite, jusqu'alors loyale et franche, avait mérité les éloges de tous les commandants sous lesquels il avait servi, n'était plus aujourd'hui que le chef d'une bande de forbans. Il ne lui serait plus permis de revoir ni sa vieille mère, ni sa fiancée, ni les rivages de l'île de Man, sa patrie. Il se sentait déchu dans sa propre estime, déshonoré aux yeux de tous ! Le châtiment suivait déjà la faute ! » (Gallimard, coll. « Folio », p. 18)

On peut distinguer deux aspects de cette page en comparant les faits bruts d'un côté, les jugements du narrateur sur ces faits d'un autre :

Les faits	L'interprétation donnée
Les marins révoltés jettent à Bligh des menaces et des moqueries	Ce sont des « acclamations ironiques » lancés aux « malheureux compagnons » de Bligh.
Pendant ce temps, Christian regarde la scène en silence, appuyé sur le bord du navire.	Christian, chef des mutins, est un « brave officier » jusqu'à présent couvert « d'éloges ». Aujourd'hui, le « chef d'une bande de forbans »... Qui regrette déjà son pays et sa famille. Qui se sent « déchu » dans son estime de soi et « déshonoré ».

Les trois-quarts du texte environ sont donc occupés par ce savoir du narrateur qui, avec habileté, développe l'analyse psychologique du personnage. D'une « focalisation externe » où les événements et le décor étaient vus de l'extérieur de façon objective, on est passé subtilement à une « focalisation zéro » (le narrateur sait tout, voit tout, connaît l'intérieur, l'extérieur, le passé et l'avenir de son personnage). Cette pratique narrative lui permet d'anticiper la fin tragique de l'aventure. Ce faisant, Jules Verne, quoi qu'il en dise, a quitté le domaine de la chronique pour celui du récit de fiction :

« Nous croyons bon de prévenir nos lecteurs que ce récit n'est point une fiction. Tous les détails en sont pris aux annales maritimes de la Grande-Bretagne. La réalité fournit quelquefois des faits si romanesques que l'imagination elle-même ne pourrait rien y ajouter. » (Note 1 de l'incipit)

Malgré sa brièveté, son récit fourmille d'inventions tout en se rangeant du côté de la version officielle de l'affaire : le second du navire, Fletcher Christian, chef des mutins, n'a jamais dit avoir éprouvé de la nostalgie pour sa famille ou son pays. Sans doute n'y avait-il même nulle « vieille mère » ou « fiancée » qui attendait le retour du héros comme Pénélope guettait le retour d'Ulysse. Fidèle à la première version de l'affaire (la sévérité du commandant William Bligh aurait eu la plus mauvais effet sur des marins qui venaient de vivre de longues semaines de liberté et de douce vie sur Tahiti après plusieurs mois d'un voyage éprouvant), Jules Verne fait de Christian un être impulsif qui a regretté immédiatement son acte, ce que personne n'a, à ce jour, jamais prouvé. Ce faisant, il ignore une autre explication de l'affaire : Christian aurait désiré rejoindre en cachette une jeune Tahitienne dont il était tombé amoureux et aurait bâti un plan pour déserter quelques heures avant la mutinerie. Ses amis l'auraient dissuadé de quitter ainsi le bateau (version de l'officier James Morrison).

Un peu plus loin, Verne oppose d'ailleurs au commandant lucide et courageux son lieutenant impulsif et faible :

« *Les matelots, confiants dans l'énergie et l'habileté du capitaine Bligh et des officiers confondus dans le même sort, nageaient vigoureusement, et la chaloupe fendait rapidement les lames. Bligh n'avait pas hésité sur le parti à prendre.* » (p. 20)

Toute la suite du chapitre montre un commandant aguerri, capable de juste fermeté et d'équité dans la répartition des vivres. Son autorité, rarement contestée, est équilibrée par une grande humanité devant les plus affaiblis de ses hommes.

Dans le récit de Verne, la voix du narrateur se fait donc souvent présente, se signale au lecteur et tente ainsi de renforcer sa légitimité. Adverbes et adjectifs modalisateurs d'énoncé se multiplient : « malheureux compagnons », « brave officier », « bande de forbans » et installent une interprétation personnelle des faits. Elle ne les laisse pas parler d'eux-mêmes. Elle les cite et les commente. Quelle est la part des faits et quelle est celle de l'interprétation de ces faits dans ce qu'on peut appeler une « argumentation » (toujours ?) sous-jacente au récit, telle est, en d'autres termes, la question que pose notre jeune lecteur ? L'histoire proprement dite est toujours prise en charge par une voix qui raconte. Au présent de l'action (le narré) se superpose un présent de la narration. Dans notre premier exemple, c'est bien ce qui apparaît à Christian qui est raconté. Le procédé sera d'ailleurs souvent repris dans le deuxième chapitre à propos de Bligh :

« L'embarras de Bligh était grand. Que dire à ces naturels qui avaient déjà trafiqué avec la Bounty pendant sa dernière relâche ? À tout prix, il importait de leur cacher la vérité, afin de ne pas détruire le prestige dont les étrangers avaient été entourés jusqu'alors dans ces îles. » (p. 21)

Ce procédé infiniment littéraire fait bien basculer le texte dans le récit de fiction.

Le choix de la mutinerie de la Bounty

Pourtant Jules Verne n'a pas choisi de mener cette étude par hasard. Les histoires fortes de la marine à voile l'intéressent beaucoup comme le prouvent ses nombreux romans et nouvelles sur le thème de la mer. L'écrivain déteste en outre les Anglais à qui il reproche leur propension à s'annexer ou à coloniser des pays. La *Bounty* symbolise donc à la fois le courage et l'abus dont un officier anglais est capable. Le contexte de la traite des noirs (évoqué grâce au motif de l'arbre à pain) est venu renforcer son choix. Son étude prend d'ailleurs place dans son projet d'*Histoire des Grands voyages et des Grands voyageurs* développé à partir de 1870. Publié en 1879 dans le volume *Les Tribulations d'un Chinois en Chine* et *Les Cinq cents millions de la Bégum*, il aurait dû s'insérer dans un livre intitulé *Les Navigateurs du XVIIIe siècle* mais l'idée fut abandonnée en raison peut-être de William Bligh, marin à la personnalité très controversée. Jules Verne puise ses informations dans les minutes du jugement de Londres en 1792. D'autres sources auraient pu être utilisées mais Verne a utilisé celle-ci à dessein. Pourquoi ?

Le choix de la focalisation zéro peut nous aider à répondre. Il s'agirait de définir, dans ce récit repris plusieurs fois, l'**invention** et les **intentions** de Jules Verne, non pas seulement la part qui lui revient mais, selon la rhétorique, la recherche et le choix des « arguments » que l'auteur emploie. L'invention n'est pas seulement ce qu'il retranche du réel et apporte de son cru mais la façon dont il s'en sert dans son agencement de faits. D'une mise en évidence de ses deux dimensions du récit (rapport et interprétation), on escomptera en classe une clarification de ces deux formes narratives que sont la **chronique** et le **récit de fiction**. Quels sont leurs points communs (successivité des faits rapportés) ? Leurs différences (recherche d'exactitude d'un côté, dramatisation des faits d'un autre) ? Le phénomène littéraire se laisse mieux cerner grâce à une réflexion sur la transmutation des données du réel et du vécu humain en faits de langage. Le récit de Jules Verne, confronté à d'autres sources, donne à réfléchir sur la transformation des personnes, de leurs actes et de leurs pensées en « personnages » et actions dans le discours de fiction. On réfléchira ce faisant, sur une base plus concrète, au goût pour certains genres littéraires et au rôle joué par le cinéma dans le développement de l'art du récit.

L'intérêt d'une confrontation des récits

Jules Verne a tranché dans le procès du chef des mutins en parlant du « châtiment » de Christian. Les films donnent quant à eux raison à Christian dans sa lutte contre l'injustice et la barbarie. Ceux que nous avons visionnés s'accordent partiellement avec d'autres auteurs et présentent un William Bligh « irascible » et « impérieux » mais aussi, forçant le trait, un homme féroce envers tous ses hommes jusqu'à la cruauté. L'acteur Trevor Howard, en particulier, joue, dans le film de Lewis Milestone, un Bligh entêté, sans pitié pour la vie de ses hommes, affectionnant les châtiments corporels, cruel voire sadique jusqu'à la caricature. De fait et réciproquement, la révolte de Christian apparaît juste. Le film ne manque pas d'intérêt. Le récit est bien mené, captivant. Faut-il toutefois seulement incriminer les conventions du cinéma hollywoodien si, dès la révolte achevée, Christian montre le visage d'un homme faible devant ses hommes, « énervé » comme on disait au XVIIIe siècle, soumis aux belles Tahitiennes qui l'ont ensorcelé.

Une autre explication est possible. Il faudrait pour cela pouvoir confronter ce film (ou un autre) aux extraits que nous avons cités, voire au texte complet de

Jules Verne. Le travail de l'acteur est un travail de parti-pris : les tempéraments sont tranchés. La jeunesse de Christian, son physique plaident en sa faveur. La mutinerie est légitimée. Cependant, les réalisateurs – comme les auteurs, Barrow, Verne et quelques autres -, dans le souci de garder une force dramatique à leur récit, montrent notre héros au prise avec les conduites anarchiques de ses hommes et incapable d'imposer son autorité. Nouveau Prométhée ou nouvel Icare, Christian se brûle ainsi aux flammes de sa nouvelle liberté, ce qu'aucun récit écrit n'a dit explicitement. Libéré de la tutelle de Bligh, il est d'abord une énigme à laquelle certains s'empressent de répondre comme s'il y avait un vide insupportable : qui est Christian ? Un inconscient ou un voleur de feu épris de la plus décisive des libertés ? tel pourrait être – plutôt que le rôle de Bligh - le véritable enjeu de ce récit au-delà de la vérité des faits.

En abandonnant Bligh, Christian aurait laissé partir la civilisation. Quelle sorte de vie est devant lui ? s'interrogent Jules Verne puis Milestone et bien d'autres. Escomptant le bonheur en dehors de la religion chrétienne, sa transgression des lois le jette au-devant d'une terrible punition. L'utopie de la « Nouvelle Cythère » ne sera qu'un piège où des Occidentaux naïfs sont venus s'abîmer. Le Paradis n'est pas sur terre mais dans le Ciel.

Ce n'est donc pas le détail des faits réels inscrits dans les sources historiques du récit qui change mais l'opinion que les auteurs, écrivains et cinéastes, se sont forgée des protagonistes de l'affaire et qu'ils veulent nous faire partager. Dans le récit de Jules Verne, la cause exacte de la mutinerie (cruauté et mépris de Bligh et/ou impulsivité et regret de Christian à l'idée de quitter Tahiti ?) n'est pas vraiment discutée et, au-delà, le bien-fondé peut-être de l'acte de rébellion de Christian, surtout la légitimité de sa quête d'un paradis terrestre (v. annexe, p. 165).

La confrontation des sources et des versions permet en classe de mettre plus facilement en évidence cet ancrage du récit littéraire dans le réel. La plupart des auteurs se sont trouvés dans la nécessité de citer leurs sources et donc de définir leur œuvre par rapport aux limites, jamais clairement établies, entre récit factuel et récit de fiction.

Le contexte du récit

L'enracinement factuel du récit devrait logiquement inciter à développer en classe des savoirs sur l'œuvre littéraire et son **contexte**. Histoire, géographie et étude des textes souffrent en effet de ne pas être davantage reliées entre elles. L'enseignement du français ne devrait pas être considéré comme une fin en soi mais à travers ses liens avec les autres champs disciplinaires. Le récit littéraire offre justement de nombreux exemples d'œuvres dont le sens réclame une extension de l'analyse au contexte de l'œuvre, en particulier au contexte historique et politique. Sous l'influence des analyses structurales, le récit littéraire a pu ainsi paraître à beaucoup d'élèves sans origine précise puisque la notion d'auteur y fut longtemps soumise à critique. Parler de l'écrivain et non directement de l'œuvre renvoyait à l'analyse psychologisante d'autrefois qui, sous l'influence des travaux de Taine (1828-1893), cherchait l'homme, son milieu social, sa formation, à travers le texte. Sans retomber dans ce déterminisme réducteur qui voulait expliquer l'œuvre par l'homme, il semble utile de redonner au récit littéraire son ancrage dans le temps et l'espace.

Des confusions graves mais explicables

Une étude portant sur certains aspects de **l'institution littéraire** (insertion sociale des écrivains, contraintes de la création, circulation des livres...) fait partie des démarches pédagogiques pertinentes, voire urgentes aujourd'hui comme le suggèrent les propos d'adolescent mis en exergue dans ce chapitre. Aux contempteurs de la culture de masse, répliquons en cherchant la raison de nombreuses ignorances dans la pluralité des références culturelles des élèves aujourd'hui et dans le retrait partiel des écrivains de la vie publique. Évoquons par exemple devant ces élèves les funérailles nationales de Victor Hugo qui attirèrent sur les Champs-Elysées près de deux millions de Français.

Une telle démarche n'exclut bien sûr pas d'autres approches comme l'analyse des genres. Mais nous pensons, avec André Petitjean (1990, p. 115 et sq.), que la connaissance du statut et des fonctions, passées ou présentes, d'ici ou d'ailleurs, des écrivains pourraient davantage faire partie de notre enseignement. Comment faire pour que l'élève en sache plus « derrière l'œil » (Franck Smith, 1975) et développe en lui la « clarté cognitive » (Fijalkow et Smith, 1978). On travaillera alors sur la source même de difficultés autrefois rarement perçues et liées à la non-maîtrise de savoirs culturels.

C'est précisément autant sur l'œuvre et ses contextes que sur une compétence linguistique et textuelle que pourrait porter l'effort en classe. Tout livre de littérature, étiqueté « pour la jeunesse » ou non, appelle pour être compris des **références culturelles variées**. Mettre un nom et un visage sur un récit nous semble aujourd'hui une aide à la lecture littéraire. En raison, d'une part, de l'obscurcissement de l'image de l'écrivain lié au développement des médias : artisan des mots, il ne semble avoir, pour certains, d'existence que scolaire. Le récit littéraire est relié directement au monde scolaire où il est « prescrit ». En raison, d'autre part, des caractéristiques mêmes de l'adolescent moins soumis qu'autrefois aux valeurs du monde adulte : une littérature écrite pour lui l'aide à répondre à ses besoins de pénétration du monde qui l'environne. Sans être un pensum, la littérature alors l'accompagne dans sa maturation.

C'est pourquoi une **recontextualisation** détaillée et méthodique du récit littéraire nous paraît opportune. Concrètement, proposons à la réflexion des élèves par exemple l'histoire mouvementée de la publication des *Misérables* de Victor Hugo, véritable livre-culte des classes populaires - d'ailleurs avides de lecture au moment où l'alphabétisation a transformé les goûts en matière de loisir - à partir de 1862. Réfléchissons sur celle, tout aussi passionnante, du roman d'Alexandre Soljénitsyne, *Une journée d'Ivan Denissovitch*. Puis, à partir de ces récits-phares, il sera possible d'établir le contexte d'autres récits issus de la littérature de jeunesse. Amenons aussi des récits fortement enracinés dans l'Histoire, collective et individuelle (v. annexes, p. 174).

Retrouver la nécessité du récit

Il s'agit d'une part de proposer à la classe à la fois **un récit et son auteur** et, d'autre part, de retrouver, par le dialogue pédagogique, une partie de **la portée d'élucidation**, de « dévoilement » en son temps et pour aujourd'hui de ce récit. Une certaine « déscolarisation » du livre nous paraît être en effet une nécessité autant que sa « rescolarisation » sur des bases (en partie) nouvelles.

Le récit littéraire peut répondre à une urgence (interpeller, dénoncer, critiquer), être en lui-même cette urgence (on s'arrache les premiers exemplaires des *Misérables*), ou engager physiquement son auteur (l'« affaire Salman Rushdie »). Mais c'est dans la démarche pédagogique elle-même qu'on trouvera moyen de « re-lier » un écrivain à son récit. Il faudrait pour cela que ce lien soit perçu par ces élèves comme un problème à résoudre.

On ne peut pas seulement attendre la visite de l'écrivain en classe. La lecture du récit littéraire gagnerait à être complétée par celle de textes biographiques et bibliographiques mais aussi par un travail critique sur l'« univers » de tel ou tel écrivain pour la jeunesse (v. annexes, p. 194).

Montrer l'« engagement » de l'écrivain

Présenter à la fois un récit et un écrivain permet d'étudier la littérature en tant qu'elle est à la fois **expression** et **appropriation** d'une langue. Le livre est d'abord la concrétisation d'un désir et d'un besoin de parler et d'être publié. Parler, écrire, publier peuvent alors faire courir des risques à l'auteur ou lui apporter la gloire. Présentée ainsi en classe, l'écriture peut être perçue en relation avec son lieu d'émission, son contexte d'énonciation. Au lieu de flotter dans un monde sans lien avec le nôtre, certains récits gagneraient à être étudiés en relation avec l'engagement physique, intellectuel et moral de leur auteur. C'est à Jean-Paul Sartre (1948) que nous emprunterons ce concept d'engagement qui, il n'y a pas si longtemps, fut délaissé pour s'être attaché, exclusivement et restrictivement, l'adjectif « politique » :

« Ainsi le prosateur est un homme qui a choisi un certain mode d'action secondaire qu'on pourrait nommer l'action par dévoilement. Il est donc légitime de lui poser cette question seconde : quel aspect du monde veux-tu dévoiler, quel changement veux-tu apporter au monde par ce dévoilement ? L'écrivain « engagé » sait que la parole est action : il sait que dévoiler c'est changer et qu'on ne peut dévoiler qu'en projetant de changer. » (*Qu'est-ce que la littérature ?*, Gallimard, coll. « Folio », p. 30)

Certes l'engagement de l'écrivain dans son récit n'est pas en soi une valeur positive : Céline par exemple n'a jamais rien renié de ses pamphlets antisémites et xénophobes. S'engager n'est pas forcément avoir raison contre les autres. Si l'Histoire a donné raison à Soljénitsyne pour sa *Journée d'Ivan Denissovitch*, elle ne lui a pourtant pas conféré un pouvoir de lucidité politique une fois pour toutes. Mais ce que montrent ces exemples, c'est l'empreinte du « Dieu caché » (Lucien Goldman, 1960) dans son œuvre, l'inscription historique de ces livres, le poids du statut social d'un écrivain, des lieux et des modes d'élaboration et de circulation de ses livres.

Une œuvre, un écrivain, une époque

Dans nos exemples, le récit sera abordé comme type de discours avec ce que cela suppose d'ancrage dans un contexte réel et précis. Les graves méconnaissances que nous avons relevées dans cette question d'adolescent mise en exergue de ce chapitre appelleraient des démarches pédagogiques fondées sur une conception plus **concrète** de la création littéraire. L'argument du talent ou du génie ne sert souvent en effet qu'à camoufler une soumission aux jugements – toujours provisoires et partiaux – de l'institution littéraire ou de l'institution scolaire qui, en partie, la relaie. L'écrivain d'aujourd'hui ou d'autrefois continue d'être ignoré pour la valeur de son « engagement ».

Un structuralisme extrême appliqué au domaine littéraire a montré ses limites pédagogiques. Si l'héritage des Jakobson, Lévi-Strauss, Greimas est considérable, l'introduction aujourd'hui des thèses de la linguistique pragmatique permet de desserrer l'étau de la pratique de l'explication de texte et de chercher sans complexe les liens qu'entretiennent une œuvre, un écrivain et une époque. Livres censurés, livres menaçants, livres risqués, livres récompensés (éventuellement, sous l'Ancien régime, par le « Prince »), livres-témoignages d'une réalité interdite, livres de justification, livres d'abord lus et annoncés dans un café littéraire sont autant de preuves vivantes qu'un écrivain joue toujours **dans** et **de** la « contrainte » (Maingueneau, 1997) que la société crée.

De l'auteur du récit à son lecteur interprète

L'aptitude à raconter provient en partie de la mémoire individuelle. Elle n'exige pas de formation particulière mais les formes narratives requièrent la maîtrise de techniques précises. Le faiseur de récit est donc souvent un spécialiste, voire un professionnel. Dans certaines cultures, il appartient à une caste déterminée. Son talent est inséparable d'une initiation à laquelle s'attache un haut prestige. En Occident, il convient de parler d'« auteurs » avec ce que cela implique en classe par exemple de découverte de leur personnalité, de leur ancrage dans une culture (plus ou moins facilitante ou contraignante), des conditions de production de leurs œuvres.

Entre les deux pôles, production du récit par un auteur ou création collective dans le cas du conte, réception du récit par un auditeur ou création collective dans le cas du conte, réception du récit par un auditeur ou par un lecteur à qui il est destiné non pas comme une simple lettre mais comme une véritable autobiographie, se développe un « texte » constitutivement inachevé, toujours ouvert à une possible reprise. Il fonctionne comme une « machine paresseuse » (Eco, 1965) et se présente, pour l'adolescent, son « lecteur modèle », riche de significations potentielles.

Les savoirs éclatés sur le récit ne peuvent être regroupés que par une réflexion qui pose la question fondamentale : qu'est-ce que comprendre un récit ? Dans le trajet herméneutique décrit par Ricœur (1986), l'interprétation possède trois dimensions : la compréhension, l'explication, l'application.

a) La compréhension peut se définir comme l'aptitude à se mettre à la place des personnages du récit, à entrer avec eux dans un jeu de proximité/mise à distance ;
b) L'explication correspond à l'élucidation des difficultés que pose le récit au niveau lexical, syntaxique, structural ;
c) L'application est l'ensemble des leçons que le lecteur peut tirer du récit qui jette un éclairage nouveau sur sa propre vie.

Ces trois moments de la lecture du récit de fiction constituent le trajet herméneutique requis en classe quel que soit l'âge des lecteurs si l'on veut non seulement faire découvrir mais aussi aider l'adolescent à grandir.

Chapitre IV

DÉPASSER L'ASCÈSE

« Je préfère les livres avec des images » (p. 78)

Le récit littéraire, bien que soutenu dans l'institution scolaire par des listes officielles prescriptives et par le travail didactique d'adultes-médiateurs, n'a plus aujourd'hui de place réservée. L'importance de la littérature dans les pratiques culturelles est aujourd'hui fortement relativisée par le succès des arts de l'image et du langage comme le cinéma ou la bande dessinée. Mais, du côté des pédagogues, un enseignement accueillant des formes diversifiées de récit est loin de faire l'unanimité. Les enseignements en cours de français sont de moins en moins fermés à d'autres types de récit, cinématographiques ou scripto-figuraux comme en propose la bande dessinée. Mais doit-on enseigner le cinéma à l'école ? La littérature peut-elle s'enseigner par le truchement du cinéma ou de la bande dessinée ? Une nouvelle querelle des Anciens et des Modernes semble avoir pris forme. Un débat est en cours qui pose le problème à la fois des titres donnés à lire (quelle place accorder dans les collèges aux récits classiques d'une part et aux récits de la littérature de jeunesse d'autre part ?) et des questionnements sur ces titres (comment parler des textes littéraires ?). Ses enjeux concernent une véritable appropriation du texte par le lecteur.

L'ouverture d'un vaste champ de pratiques en classe de français qui vont de la lecture méthodique au débat (de l'explication à l'argumentation, du déploiement des sens du texte à l'expression du vécu de la lecture) renforce l'absence d'unanimité en la matière. Nous formulerons ici l'hypothèse que les discussions en cours ont quelque chose à voir avec les développements, tout au long du vingtième siècle, de l'art du récit et les changements des pratiques lectorales qu'ils ont entraînés.

Le succès de certains essais (*Comme un roman* de Daniel Pennac par exemple) a en outre montré que ces questions ne se posaient pas seulement dans le cercle limité des spécialistes. La lecture n'est plus aujourd'hui une pratique culturelle exclusive. Elle coexiste facilement avec d'autres. De même, dans les pratiques de lecture, le récit littéraire a, plus nettement aujourd'hui, une place relative et non pas absolue. Il serait dès lors plus fructueux de faire porter la discussion sur la diversification des formes narratives et ses conséquences possibles dans la vie de la classe plutôt que d'en rester à une analyse de la place que le collège accorde aux formes littéraires.

Développer la confrontation des types de récit

À côté des supports d'expression donnant un grand rôle à l'image, le livre de littérature propose un jeu de lecture qui parfois rebute. La lecture littéraire se trouve désormais mise en rivalité avec d'autres types de lecture ou de réception de l'œuvre artistique, plus immédiates, moins coûteuses peut-être sur le plan cognitif. La position du lecteur est parfois marginalisée au profit de celle du spectateur et, quand elle fait l'objet de pratiques courantes, c'est préférentiellement en direction du récit scripto-figural, comme en propose la BD, plutôt que vers celle du récit littéraire que le lecteur se tourne.

En liaison avec des innovations techniques importantes qui touchent souvent à l'édition de l'image, des bouleversements ont eu lieu dans la création et la réception du récit. Le cinéma a par exemple imposé un tempo qui, pour certains, peut-être insuffisamment préparés à la lecture, rend ensuite plus difficile la réception du récit verbal. La BD a donné, quant à elle, un autre statut au texte, plus proche souvent de la langue orale mais elle a aussi imposé un nouveau rythme au récit par exemple par les nombreuses ellipses qui s'installent entre les phases du récit.

Devant cette diversification, le récit qui, au moins sous sa forme littéraire, est découvert à la fin de l'école primaire et au collège, paraît aux yeux de certains **austère** et **complexe**. Aux nombreux échanges entre le texte et l'image, il substitue un jeu réglé mais parfois obscur de pages de caractères d'imprimerie entrecoupées de rares images. Lui donner du relief, autrement dit faire chanter ces pages dans l'imaginaire revient à apprendre un nouveau solfège où des signes en nombre très restreint créent pourtant de nouveaux mondes. Il exige des capacités de représentation du monde de la fiction (savoir camper des personnages, savoir évoquer des lieux où ces personnages évoluent...) que d'autres formes de récit ne réclament pas avec une telle insistance. Nous pensons que le récit littéraire gagnerait à être observé, à ce niveau, dans son **fonctionnement** et son **organisation**, par comparaison avec les autres récits.

Le cinéma, la BD, l'album sont bien aujourd'hui des vecteurs de récit puissants tout comme le restent d'ailleurs le roman ou la nouvelle. Le récit filmique américain par exemple exerce une emprise forte en particulier par ses procédés de dramatisation de l'action. De même la bande dessinée a su créer et surtout représenter des mondes imaginaires (que l'on songe à ceux de Philippe Druillet ou de Hugo Pratt) qui s'insinuent profondément dans l'esprit du lecteur. La concision narrative de l'album a, elle aussi, trouvé de nombreux échos dans l'imaginaire des jeunes lecteurs toujours prompts à émigrer vers le monde de la fiction.

En dehors du collège, ces récits coexistent sans conflit mais, si le récit littéraire n'a jamais été la seule forme de récit, il a joui et jouit encore souvent du plus grand prestige dans l'institution scolaire. C'est sans doute d'abord ce prestige exclusif, et moins la forme narrative littéraire elle-même, qui est contesté aujourd'hui par certains avec véhémence. Mais, relié à ses usages quotidiens, réinséré dans le parler ordinaire, ramené à une place plus juste et plus concrète, confronté à d'autres formes de récit, oral, factuel par exemple, le récit littéraire apparaîtra en classe, c'est notre conviction, tout aussi moderne que le film par exemple. Les spécificités du récit littéraire sur ce plan resteraient toutefois à expliciter. En tentant une explication et une description du monde orientée par le point de vue d'un auteur, le récit réclamerait plus de pratiques visant une appropriation de ses **composantes et mécanismes fondamentaux** où justement ce point de vue se manifeste et se laisse apprécier.

Pérennité du récit littéraire

Le récit littéraire continue d'être réclamé aussi bien par ceux qui n'en sont qu'aux premiers savoir-faire de lecture que par des lecteurs plus experts. Romans, nouvelles, films de fiction ne s'opposent donc pas de façon absolue comme certains voudraient le faire croire. D'une certaine manière, la grande force du cinéma par exemple a été et reste de transformer le récit, d'en radicaliser certaines caractéristiques pour créer d'autres effets et susciter d'autres interrogations. L'art du récit est donc changé mais n'est pas fondamentalement bouleversé : personnages, actions, mise en intrigue et structures profondes se laissent toujours découvrir et apprécier selon des choix personnels et culturels. Le récit filmique apparaît souvent à l'image d'une société qui massifie les loisirs. Il se montre plus proche du divertissement tout comme la BD. Mais le récit littéraire, découvert en autonomie, n'exclut pas lui aussi, au moins partiellement, le divertissement. Empruntant souvent ses techniques au récit à suspense, il se renouvelle constamment dans la littérature de jeunesse.

Un agencement de faits humains

Le récit est **construction** d'actions humaines. Celui que développe la littérature pour la jeunesse présente en outre au jeune lecteur les premiers scénarios pour répondre à des questions sur l'énigme du monde. À ce titre, albums et premiers romans égalent les plus grands romans de la littérature pour adultes. Composer une intrigue, quelle que soit son étendue, c'est faire surgir l'universel du particulier.

Le récit est aussi **discours**. Il fait référence à une réalité extralinguistique qu'il exprime et qu'il représente. C'est en outre un discours bâti selon une **imagination réglée**, qui suit quelques règles, celles de la narration justement. Pour le lecteur, l'explication du récit est toujours ainsi présupposée par la compréhension de l'acte de structuration de l'intrigue, ce qui forme, comme l'affirme le philosophe P. Ricœur (1986), une herméneutique. Une compréhension d'abord de soi médiatisée par les textes s'arrache alors au cadre étroit de l'interlocution quotidienne pour entrer dans des activités symboliques très élaborées comme en propose le récit. La signification n'y est plus donnée immédiatement comme dans le dialogue. Elle devient, pour le jeune éventuellement aidé par l'enseignant, une question, une interpellation. Celle-ci semble bien prendre appui sur un référent correspondant à ce que Ricœur identifie à la « structure pré-narrative » de l'expérience humaine. On peut même distinguer sur ce point, chez le sujet lecteur, le **référent mature** – seuil d'intercommunicabilité entre lui et l'auteur – du **référent immature** qui ne serait pas encore prêt à « filtrer » ou générer du sens par analogie de situation. Se comprendre pour l'adolescent lecteur, c'est se comprendre devant un texte (fût-il de dimension modeste) sur la base d'une expérience en partie partagée. C'est bien cette « capacité du lecteur » d'introspection, de rétrospection et de comparaison du vécu qui semble la condition nécessaire de son implication dans le récit.

Un texte appelé à des développements et de profondes transformations

À partir de sa familiarité avec le texte, l'adolescent apprend ce qu'est une narration en allant du récit scripto-figural au récit essentiellement verbal, et développe des compétences qui lui permettront de lire ensuite le roman. Son intérêt parfois exclusif pour la BD montre bien le besoin de transitions ou de détours par d'autres genres.

Un coup d'œil rapide sur ces supports de récit que sont l'album, la BD et le roman permet donc d'entrevoir une continuité mais aussi de nombreuses différences. Un récit chaque fois s'y développe, c'est-à-dire un type de texte très élaboré qui rend compte **d'une action avec personnages, lieux, objets, circonstances, paroles, durée**. Cette action, relativement complexe, se divise en actions secondaires regroupées, soit sur la double-page dans le cas de l'album, soit parfois au sein d'épisodes clairement séparés dans celui du roman. Dans la bande dessinée, la division de l'action obéit à moins de conventions mais, par de nombreux inserts qui assurent la continuité narrative, le scénariste prend soin de réduire la difficulté que susciterait une chaîne d'actions trop longue.

L'action, dans le roman ou la BD, est portée par un récit plus complexe : personnages, actions secondaires y sont plus nombreux ; attitudes et caractères des personnages – d'ailleurs plus souvent humains qu'animaliers désormais – évoluent, notamment dans le roman, vers la psychologie qui sépare l'être et le faire du personnage. Celui-ci est de fait moins immanent à l'histoire. Thèmes, structure des phrases, vocabulaire correspondent en outre au niveau cognitif et psychologique d'enfants plus âgés ou d'adolescents. Au total donc, trois caractères fondamentaux du « dispositif » ont changé : **temporel, matériel, structurel**. Nous proposons de les souligner pour mieux cerner la spécificité du récit littéraire de jeunesse.

Le caractère temporel du dispositif

Pour le lecteur, le récit est d'abord une affaire de temps. Tout récit lui offre l'occasion de vivre une certaine expérience temporelle. Par le biais de la **mémoire** (des événements racontés) et de l'**attente** (des événements à venir), le lecteur met le passé et le futur dans le présent. Mémoire et attente sont en fait deux modalités du présent. En racontant, l'auteur donne existence au passé et au futur. En racontant des faits qu'il donne comme vrais, il prédit des faits qui arrivent tels qu'il les a anticipés. Au lecteur qui reçoit ce discours, le langage donne aussi une certaine maîtrise du temps. L'acte de lecture peut être tenu pour le vecteur de l'aptitude de l'intrigue à modéliser l'expérience humaine parce qu'elle intègre et rend actuel le divers de l'action dans la fiction.

Le récit se caractérise en outre par sa complétude, sa totalité, et son étendue appropriée. Or, cette étendue ne peut être que temporelle. Un caractère de nécessité s'applique à des événements que l'intrigue rend contigus. Composer une intrigue, c'est faire surgir l'intelligible de l'accidentel, le nécessaire de l'épisodique. Il y a ici un plaisir de la reconnaissance, fruit du plaisir que le lecteur prend à la composition selon le nécessaire et le vraisemblable.

La composition de l'intrigue semble bien enracinée dans une précompréhension du monde de l'action, **dans son caractère temporel**. La capacité même de l'action à être racontée et peut-être le besoin de raconter et d'écouter une suite d'actions procèdent sans doute de caractères temporels. L'intrigue fait médiation entre des événements ou des incidents individuels, et une histoire prise comme un tout. Elle tire une histoire sensée d'une diversité d'événements. Une histoire doit donc être plus qu'une énumération d'événements dans un ordre sériel : elle doit les organiser dans une totalité intelligible de telle sorte qu'on puisse toujours demander ce qu'est le « thème » de l'histoire.

Avec ou sans image, des modes de lecture du récit différents

Mais, de l'album ou la bande dessinée au roman, le récit se transforme et ce, à deux niveaux bien distincts : d'abord celui de la structuration de l'intrigue par l'auteur et ensuite celui de la compréhension de l'intrigue par le lecteur. En effet, les récits, à l'âge des premiers savoir-faire de lecture, se découvrent surtout dans l'échange avec l'adulte médiateur alors que la découverte du roman appelle une lecture plus autonome. Les premiers romans impliquent donc d'autres stratégies de lecture, d'autres façons de découvrir le récit. L'image en particulier n'y joue plus le même rôle. Si elle contribue pleinement au récit dans l'album ou la BD, elle n'a qu'un rôle d'illustration éventuelle dans le roman.

Le **changement de codes sémiotiques** nécessite des nouveaux apprentissages - lire sans le support de l'image, lire des récits plus complexes -, ce qui entraîne chez certains un ralentissement, voire une désaffection des activités de lecture. L'album, la BD, le roman portent un récit mais par des moyens qui sont donc sensiblement différents. L'album et la BD « mixent » texte et images. Celles-ci y interpellent l'enfant qui ne sait pas encore (bien) lire. Elles sont situées au cœur d'un échange avec l'adulte dont l'un des rôles sera de limiter la polysémie de l'image en lisant le texte. L'album appelle, au moins au tout début, une relation entre l'adulte et l'enfant, entre le lettré et le non-lettré. Le roman, au contraire, est destiné au lettré. L'image n'y a qu'une fonction secondaire même si elle reste importante, avec l'illustration traditionnelle, dans la réception du récit par le jeune lecteur.

Cette différence repose sur des faits historiques. Grâce aux progrès de l'impression au siècle dernier, l'image est advenue car, au-delà d'elle, on visait le récit, un récit plus efficace, plus attrayant pour l'enfant et l'adolescent ; on cherchait de nouveaux moyens de raconter, de « configurer » (Ricœur, 1983), l'expérience humaine, de l'inscrire dans le temps et dans l'espace. L'image permettait une présentation plus séduisante et plus tangible du récit.

Avec le roman pour la jeunesse, nous nous trouvons devant une configuration particulière car celui-ci peut contenir des images **hors texte**, ce qui renvoie donc au cas de l'illustration traditionnelle dans le livre pour la jeunesse. Les romans de Jules Verne édités chez Hetzel en fournissent le meilleur exemple. L'image a été tirée à part et intercalée ensuite dans le livre. Elle interrompt brutalement la lecture et contraint le lecteur à s'arrêter pour changer d'activité même s'il peut l'éluder. Sa fonction est de permettre de préciser dans l'esprit du lecteur des images restées floues ou au contraire de les contrarier : il y a confrontation entre des images mentales issues de la lecture du texte et des images mentales provenant de la lecture de l'image. Ces images permettent de retrouver non pas tant le récit que des impressions et des émotions qui l'ont accompagné. Alors que dans l'album ou la BD, l'image est un point d'ancrage narratif principal (le texte commente l'image ; l'image découpe le récit), les illustrations dans le roman sont closes sur elles-mêmes. Lorsqu'elles sont aussi concertées que celles par exemple de Roberto Innocenti pour le *Pinocchio* de Carlo Collodi (Gallimard, 1988), les images permettent toutefois des **contrepoints** et des **décalages** qui enrichissent la lecture. L'illustration est une **échappée sur le monde du texte.** Elle favorise l'ouverture d'un temps de contemplation qui rompt avec le temps de la lecture.

Le texte, quant à lui, bénéficie d'une autonomie plus complète. Il peut être seul car il est suffisamment structuré, possède plus de connecteurs, utilise davantage l'anaphore pronominale ou les substituts lexicaux, comporte de nombreux compléments circonstanciels, recourt par nécessité au système des temps du passé. L'installation de l'histoire, dans sa double dimension spatio-temporelle, réclame souvent par exemple une densité d'informations dès l'incipit ainsi que le montre celui de l'excellent *Double meurtre à l'abbaye* de Jacqueline Mirande (Flammarion, coll. « Castor Poche ») :

« Thomas le Rouge – qu'on nommait ainsi à cause du roux flamboyant de ses cheveux – avançait sans bruit au milieu des fougères. L'approche de la nuit et un vilain temps de novembre avaient beau obscurcir le sous-bois, il se méfiait. Les clairières se multipliaient dangereusement dans la forêt aux abords de l'abbaye de Hautefage, comme souvent près des terres récemment défrichées. » (p. 7)

Le texte du roman multiplie les signes du déroulement temporel de l'histoire grâce aux connecteurs chronologiques tandis que l'album confie plutôt aux images le soin de donner à voir cette expérience du temps.

Le dispositif structurel dans le roman

Le roman nous fait passer de récits élémentaires à des récits plus élaborés. Le récit y chemine autrement. Le texte, beaucoup plus structuré, suit un autre rythme, celui des **chapitres** en particulier qui présentent un aspect de l'unité/division de l'action. Le schéma narratif, lui aussi, se complique : l'action principale se ramifie ; le nœud déclencheur de l'action devient moins facile à identifier ainsi que le dénouement. De fréquentes perturbations chronologiques ajoutent à la signification générale.

Le « défaut » de la division de l'action peut donner lieu tout d'abord à un travail d'élaboration du titre et des sous-titres de la table des matières. Titre et table correspondent au souci de composition du discours narratif dont la rhétorique enseignait autrefois les règles.

Tout à la fois désignation et évocation du contenu du récit (de *titulus*, inscription, affiche, écriteau), le **titre** est en effet comme la ficelle qui tient la gerbe. Par un mouvement de retour sur le récit (placé en tête, il est toutefois créé en dernier), il « ré-unit », « co-ordonne » ce que le travail créateur a dispersé et qui pourrait donner une impression de désordre. Il fait donc d'une création une construction, une « œuvre » qui est le fruit d'un savoir-faire. De fait, il supprime l'impression de contingence que pourrait donner la multiplicité des épisodes. Mais il peut aussi aller plus loin et parachever l'œuvre en révélant sa richesse sémantique.

On note à ce sujet une évolution sensible du titre d'album au titre de roman. Le premier est surtout un **aide-mémoire** chargé de rappeler le nom et la qualité principale du héros. Son nom est souvent expansé par un adjectif qualificatif, un complément de détermination ou une proposition subordonnée : « La petite éléphante qui avait oublié quelque chose » (Ken Brown, Gallimard), « Adrien qui ne fait rien » (Tony Ross, Gallimard), « Le magicien des couleurs » (Arnold Lobel, l'école des loisirs). Il peut aussi préciser l'action menée par ce personnage, les circonstances de l'action, l'objet de sa quête : « Le voyage de grand-père » (Allan Say, l'école des loisirs), « L'anniversaire de Monsieur Guillaume » (Anaïs Vaugelade, l'école des loisirs).

Dans le roman, la fonction du titre est moins dirigée vers la désignation. Il dit souvent quelque chose de plus sur le récit, se charge de sens nouveaux en installant par exemple une symétrie entre le personnage principal et le lieu de l'action qui devient acteur à part entière : « Le vieil homme et la mer » (Ernest Hemingway, Gallimard, coll. « Folio »), « L'enfant et la rivière » (Henri Bosco, Gallimard, coll. « Folio »). Plus évocateur, le titre recourt souvent à la métaphore : « La neige en deuil » (Henri Troyat, Hachette), et se fait plus énigmatique : « Le pays où l'on n'arrive jamais » (André Dhôtel, Gallimard, coll. « Folio »). Il précise parfois le genre : « Le journal d'Adèle » (André du Bouchet, Gallimard, coll. « Page blanche »), « Mémoires d'une vache » (Bernard Atxaga, Gallimard), « Le lapin magique et autres histoires » (Christian Oster, l'école des loisirs, coll. « Mouche »).

Si le titre récapitule et condense, la **table des matières** donne plutôt, et explicitement, le « plan » d'ensemble. Elle participe pleinement au travail d'unification des parties du récit. Un exemple de ces procédés est fourni par le roman de Hubert Ben Kemoun, *Le jour de tous les mensonges* (Nathan, coll. « Lune noire »). Un « criminel » a fourni au héros, Boris, la solution de l'énigme du roman qu'il est en train de lire. Chacun des 7 chapitres du récit est précédé d'un titre explicite qui répète l'« objet » de la quête, démasquer ce « criminel » (mot présent dans tous les sous-titres), et permet au lecteur d'anticiper sur les épisodes à venir, relançant ainsi sans cesse l'attente (v. annexes, p. 203). La table est d'ailleurs prolongée à l'intérieur du texte par des apostilles et des illustrations qui dédoublent le récit-cadre en soulignant tantôt une réplique, tantôt l'arrivée d'un nouveau personnage. Le récit, ou du moins ses moments forts, peut donc toujours se lire d'un coup d'œil dans ces marges. Une lecture de la table des matières permettra de retrouver le fil perdu ou cassé (v. en annexe, celle, tout aussi parlante, du roman de Jean-Philippe Arrou-Vignod, *Enquête au collège* (Gallimard, coll. « Folio ») :

Soulignant tantôt un nouveau lieu de l'action, tantôt un nouveau personnage ou son apport à l'action principale, les sous-titres se veulent ici aussi explicites que le titre qui inscrit d'emblée le texte à venir dans un genre, le récit à énigme. Mais une telle volonté de « désambiguïser » le discours risque toujours de couper les ailes de l'imagination du lecteur et ainsi se retourner contre son créateur. Les réponses ayant été données en même temps que les questions (sur le genre, sur les personnages, sur les lieux de l'action), le jeu de la lecture peut s'avérer très vite ennuyeux. Qu'on pense à l'inverse à la force de certains récits difficilement définissables par le titre comme « L'homme qui plantait des arbres » de Jean Giono (Gallimard, coll. « Folio Cadet ») : le lecteur hésite sur le genre (fiction ? document ?), sur la portée du récit (éloge ? apologue ? fable écologique ?). Mais ces hésitations sont intimement liées au plaisir ressenti car l'activité de l'imagination s'intensifie lorsqu'elle rencontre ces **lieux d'indétermination** qui installe un doute productif sur la conformité du récit aux genres littéraires connus. Giono ne découpe pas d'ailleurs son récit de façon trop visible. Son titre dit le plus en disant le moins. Il unifie sans arrêter le sens.

Mais, par sa longueur même, le roman ne se prête pas facilement à des activités en classe sur le titre et les sous-titres de l'action, autrement dit à un travail sur l'unité/division de l'action. Certains récits connus des élèves gagneraient toutefois à être commentés à la lumière de leur titre et sous-titres. Un titre, bien choisi et sur lequel on laisse les élèves libres de « rêver », peut aussi contribuer à donner de l'ampleur à la phase de construction d'un horizon d'attente.

En outre, on pourrait évoquer en classe le fait que certains auteurs préfèrent ne pas donner de titre à leurs chapitres. Cette activité semble être confiée implicitement au lecteur interpellé sur le mode à la fois rétrospectif (« que vient-il de se passer ? ») et prospectif (« que va-t-il se passer ? »).

Un enchaînement de grandes phrases

Le récit littéraire est comparable schématiquement à un enchaînement de grandes phrases qui ne tirent leur sens que de leur insertion dans un texte ample nommé « récit ». Ce texte possède une unité. Chaque « phrase » y est reliée à la précédente par des liens logiques et chronologiques. Elle participe chacune pour partie à la progression de l'action vers une fin. Le contenu de ces phrases correspond à des événements qui prennent place dans l'action générale en la faisant avancer vers son dénouement. Cette coordination de faits distincts selon des liens chronologiques définit en premier lieu le récit et le différencie d'autres types de discours (argumentation, explication par exemple) : chaque événement ne revêt de signification que rapporté à la « série structurée » où il a pris place (Brémond, *Logique du récit*, Seuil, 1966, p. 62).

L'action dans le récit littéraire a une certaine ampleur, en quoi aussi elle se différencie du fait divers. La « phrase » contient un nombre d'éléments suffisamment important pour qu'il soit nécessaire de veiller à leur **articulation**. Dans son récent roman *Sombres citrouilles* (l'école des loisirs, coll. « Médium ») par exemple, Malika Ferdjoukh fait coïncider l'alternance de points de vue (deux protagonistes essentiels de l'action, Madeleine et Hermès, sont en même temps les deux narrateurs principaux), avec les fréquentes modifications des lieux de l'action, changements ainsi renforcés les uns par les autres et soulignés par des titres (v. annexe p. 207).

L'action ayant surtout un caractère temporel, cette articulation entraîne souvent un renforcement des liens chronologiques. Ceux-ci seront plus ou moins explicites pour le lecteur. Ils s'incarneront ou non dans des dates, des adverbes ou des locutions marquant le temps, voire fourniront les titres de la table des matières. On lira aussi sur ce point avec intérêt *Un coup de poing dans la tête* de Thierry Foucher (Syros, coll. « Souris Noire ») et *Je veux voir Marcos* de Valérie Dayre (l'école des loisirs, coll. « Médium ») où l'on trouve ce découpage : chapitre 1 : « Mercredi 26 novembre 1997 » ; chapitre 2 : « Mercredi 3 décembre 1997 » ; chapitre 3 : « Le poste de télé est éteint... ».

Une, l'action est donc trop vaste pour ne pas se diviser en éléments différents mais complémentaires : ce sont les **actions secondaires** ou accessoires. Celles-ci ne sont toutefois ni interchangeables ni supprimables. Elles correspondent à des événements surtout par référence à une totalité et sont capables de faire avancer l'action. Entre l'album d'un côté, la BD et le roman d'un autre, une nouvelle différence est notable : l'album, par la concision même du récit, est construit selon le principe d'une combinaison réduite d'événements : 14 dans un récit très linéaire comme *L'Afrique de Zigomar* de Philippe Corentin (l'école des loisirs) ; 10 dans *Le géant de Zéralda* de Tomi Ungerer (l'école des loisirs) ; 9 dans *Où est donc passé Jules ?* de John Burningham (Flammarion). Il évite les temps morts et les moments de suspension de l'action (digressions, retours en arrière par exemple). C'est pourquoi on y trouve souvent des récits en randonnée où le personnage va d'interlocuteur en interlocuteur animé par une quête clairement définie en entrée. À l'inverse du roman, il est dès lors difficile d'y trouver des « épisodes », c'est-à-dire des actions liées de façon un peu lâche à l'action principale. L'autonomie des faits rapportés sur chaque double-page y est très réduite par la recherche constante d'un rythme soutenu. L'album supprime l'accessoire au profit de faits au service immédiat de l'action. Toute à la présentation de moments forts et essentiels, l'action y est comme dégraissée.

Dans le roman et la BD, la **règle de l'unité de l'action** peut être enfreinte. Plus étendue, l'action se dilate facilement et, pour cette raison, se divise en **épisodes**. Ceux-ci tendent à s'autonomiser pour constituer des sous-récits relativement indépendants les uns des autres. Les *Contes des Mille et Une nuits* seraient un exemple extrême de ce que nous avançons. C'est le cas dans le riche récit *La lune derrière les granges* d'Erwin Moser (l'école des loisirs, coll. « Neuf ») dans lequel l'action occupe 17 chapitres qui mettent en scène, autour du chat Raphaël, de nombreux animaux de la campagne. Ceux-ci vivent des aventures qui peuvent se lire indépendamment l'une de l'autre.

Parmi les épisodes du roman et de la BD qui rythment l'action, se distinguent parfois des **péripéties** qui sont des revirements de l'action dans un sens opposé à celui de l'épisode précédent. Ces événements retardent le dénouement de l'action principale. La composition se complexifie aussi par la présence de **rebondissements** qui apportent souvent une solution inattendue à l'événement déclencheur de l'action. Ce procédé est à l'œuvre par exemple dans *Le secret de Camille* de Sophie Tasma (l'école des loisirs, coll. « Mouche ») à la page 71 : la narratrice est en classe avec son amie Camille quand soudain la mère de celle-ci, métamorphosée physiquement et psychologiquement, vient la chercher ; son père qu'elle n'a presque pas connu est revenu.

On trouvera de nombreux autres exemples de ces rebondissements dans la littérature policière justement fondée sur le principe de l'attente et de l'anticipation plus ou moins déçues qui est le propre du suspense. Dans l'excellent roman de Pierre Véry, *Les Disparus de Saint-Agil* (Gallimard, coll. « Folio »), le récit est ainsi ponctué de deux disparitions imprévisibles et mystérieuses aux chapitres 1 (« Le numéro 95 ») et 3 (« Chicago Ill. »). Ce procédé est à nouveau à l'œuvre dans le roman de Malika Ferdjoukh, *Sombres citrouilles* par exemple pages 63 (arrivée de l'oncle Gil), 110 (arrivée de Madeleine), 152 (arrivée d'Edith). Le rythme du récit y est en partie donné par l'espace qui sépare ces scènes clés.

Des épisodes pivots de l'action

Comme l'avait déjà vu R. Barthes (1977), certains épisodes du récit littéraire ont bien une fonction **cardinale**, étymologiquement de pivot : c'est sur eux que les autres épisodes du récit reposent et autour d'eux qu'ils tournent. Ces épisodes fondamentaux font franchir un saut au récit tandis que les autres sont, par rapport à eux, des expansions où le narrateur tire conséquence des faits majeurs rapportés préalablement. Là, parfois, le récit « paresse ». Certains lecteurs les « sautent » d'ailleurs car ces épisodes ne sont pas intégrés à l'histoire proprement dite. Leurs rôles sont variés : explication d'un contexte historique, d'un fait scientifique, description géographique, retour sur le passé d'un personnage... La succession linéaire des événements est souvent rompue, l'unité de lieu bafouée. Ainsi l'étonnant *Château des Carpathes* (Presse Pocket) de Jules Verne contient au chapitre IX un long rappel de la vie passée de Franz de Télek, jeune noble qui réussira à percer le secret du château non sans y laisser sa raison.

On reconnaîtra dans cet agencement une source fréquente de découragement chez beaucoup d'adolescents devant un roman de Jules Verne par exemple ou d'une grande partie de la littérature romanesque pour la jeunesse du XIXe siècle. La différence entre ces épisodes cardinaux et les autres n'est pas toujours bien établie et les digressions, nombreuses, **font perdre le fil narratif**. On peut spéculer sur les origines plus lointaines de ces difficultés et peut-être critiquer la solution qui consiste à supprimer certains épisodes en éditant des « classiques abrégés ». L'influence du récit cinématographique sur les goûts est, à l'évidence, aujourd'hui très forte. Les changements de types de discours désorientent des lecteurs peu familiers des techniques d'écriture littéraire. L'important en classe serait de faire réfléchir à la façon dont le texte littéraire tente de compenser « l'inconvénient » de cette division et complexité de l'action par des signaux et procédures stylistiques (v. annexe, p. 204).

Rapporté à ses conditions d'énonciation, le récit littéraire présente des « handicaps » qu'il va tenter de compenser. Il est fort différent d'une situation de dialogue où les interlocuteurs se font face et peuvent ajuster leurs paroles en fonction de la compréhension supposée de l'autre. Sa richesse sémantique montre qu'il est bien éloigné d'une simple communication à visée informative. Il « communique » mais en induisant des réactions et des sentiments et non comme un simple véhicule de pensée. Le sens y est à la fois enrichi et brouillé.

Forme de communication différée et différente, sans feed-back ni réajustements possibles, le récit littéraire multiplie pourtant les signes qui limiteront sa complexité et ainsi soulageront la mémoire du lecteur. Aussi, pour limiter son ambiguïté et la difficulté posée par sa longueur, génère-t-il sans cesse des repères grâce auxquels il fournit son propre commentaire, **de l'intérieur** peut-on dire. Ces marques se distinguent du récit proprement dit et tendent à se concentrer à certains endroits privilégiés du texte.

Marques	**Portées par les**
- du genre	Titre Sous-titre Préface Avis au lecteur
- des frontières entre les phases du récit	Découpage en chapitres 1) numérotés 2) numérotés et titrés 3) non numérotés mais titrés 4) ni titrés et numérotés Présence d'une « table » Focalisation sur un personnage différent du chapitre précédent
- des séparations entre narration et description ou entre d'autres types de texte	Alinéa Changement de temps Parole confiée à un personnage récurrent

Une présentation de l'action plus marquée stylistiquement

La complexification du récit dans le roman affecte donc tous les mécanismes et composantes du discours narratif en même temps. L'action se présente plus désunie en apparence. Les raisons en sont multiples : **dédoublement**, au moins partiel, **de l'intrigue** (par exemple dans *La fille du canal* de Thierry Lenain, Syros, coll. « Les uns les autres », où un contrepoint à l'histoire émouvante de Sarah est fourni par les extraits du journal de l'institutrice), **remontée vers un point de départ de l'action** d'abord inconnu (par exemple dans le roman de Malika Ferdjoukh, *Sombres citrouilles*), **dislocation apparente de l'action** ou **imbrication de plusieurs histoires**. On lira avec intérêt sur ce point *La toile de Charlotte* de Elwyn Brooks White, *La lune derrière les granges* de Erwin Moser, *Emilio ou la petite leçon de littérature* de Chris Donner (l'école des loisirs, coll. « Neuf »), dans lesquels les auteurs jouent avec virtuosité de ces interruptions du récit principal par un autre. De fait, le lecteur devra davantage trier les informations données progressivement, les mémoriser et surtout les hiérarchiser pour accéder au sens général du récit.

En outre, le récit dans le roman se distingue souvent par le niveau d'**occultation de l'origine de l'histoire racontée**. À l'attitude classique du narrateur qui consiste à éviter de se montrer comme tel (l'auteur n'ironise pas, ne fait pas de commentaires trop visibles, veut finalement se faire oublier), de nombreux auteurs tentent de renforcer notre adhésion à une fiction posée comme vraie par des propos du narrateur et ainsi veulent faire croire au lecteur que l'histoire lui est réellement arrivée. C'est le cas dans les romans de Marie Downing Hahn, *Résistance*, ou de Robert Cormier, *En pleine nuit* (l'école des loisirs, coll. « Médium » ; v. infra). Ce dernier s'ouvre sur un texte placé chronologiquement après le reste du roman :

> *« Lulu m'a fait son œil de patience.*
> *Nous nous sommes installés.*
>
> *Dix minutes après, Lulu était morte.*
> *Le cauchemar pouvait commencer. »* (p. 18)

Les jeux de temps coexistent donc souvent avec ces effets de transparence ou de distance qui incite le jeune lecteur à passer de **l'explicite** à **l'implicite** par une prise de conscience des mécanismes du récit. Effet de plus en plus fréquent, la mise en avant de la voix du narrateur, voix très peu distanciée car ce narrateur se trouve être en même temps le personnage principal du récit, renforce l'implication, dans le récit, du lecteur qui peut avoir l'illusion qu'il écrit sa propre histoire. Le récit de Serge Perez, *Les oreilles en pointe* (l'école des loisirs, coll. « Médium »), en offre un bon exemple :

« Avec la nuit que je venais de passer c'était encore un peu embrouillé dans ma tête et rien ne pouvait être clair, alors attaquer de bon matin le parking de chez Mammouth c'était forcément un mauvais quart d'heure qui se pointait. » (p. 7)

Fiction et autobiographie s'entremêlent plus nettement en raison du point de vue choisi (v. aussi en forme de journal intime, le récit toujours moderne de Colette Vivier, *La maison des petits bonheurs*, Casterman, coll. « Dix & Plus »). Mais le rapprochement entre lecteur et narrateur que provoque cet effet de voix peut être contrebalancé par une mise à distance temporelle :

« Quand je suis né, la Pologne était une breloque accrochée à la ceinture du tsar. Une simple province dans un empire qui s'étendait de la mer Noire à la mer Blanche, de la mer Baltique à l'océan Pacifique, de Varsovie à Vladivostock. Les sujets du tsar étaient russes, chinois, turcs, lapons. Personne n'avait jamais réussi à les compter. Le tsar ne leur demandait même pas de signaler la naissance de leurs enfants. En tout cas, il n'a rien demandé à ma mère. » (p. 9)

Cet incipit du récit de Jean-Jacques Greif, *Le ring de la mort* (l'école des loisirs, coll. « Médium », v. infra), provoque, contradictoirement, un effet de rapprochement dû à la voix et un effet de distance dû à l'éloignement géographique et historique de l'action. Les titres des chapitres renforcent d'ailleurs l'écriture autobiographique « distanciée » qui est le signe distinctif de ce récit très fort mais qui se refuse au pathos.

Fidèle à l'idée de mettre en avant la réception du récit par l'adolescent, nous pensons qu'il pourrait être intéressant de fournir aux élèves l'occasion non seulement de repérer et d'analyser ces jeux de voix et de point de vue mais aussi de les **apprécier**. Qu'apporte par exemple l'insertion du « je » dans l'écriture du récit (analyse psychologique qui débouchera sur un rapprochement, une identification à la voix ou, au contraire, distance voire rejet ?). Les avis, ici aussi, seront partagés et le vécu de la lecture pourra ainsi émerger de façon médiatisée.

Le personnage, foyer central de l'action

Le roman pour la jeunesse présente un riche réseau de personnages relié à l'amplitude de la « phrase » narrative. Ceux-ci se mettent à participer à des figures plus variées et accèdent à une véritable dimension psychologique. L'on pourra parler alors de « portrait ». Ce roman oppose souvent un sujet-héros à un groupe moins restreint de personnages issus de l'environnement familier (parents, amis, voisins). En outre, les liens qui les unissent ne sont pas seulement ceux qu'on rencontre au sein de la famille : amitié, affection, colère, trahison, brouille, malentendu... Leurs actes, qui s'affichent chez le lecteur dans des images mentales où se mêlent sentiments et émotions, s'ouvrent à une **interprétation plus subjective et moins univoque**. À l'instar du conte, la portée symbolique des « scénarios » dans lesquels ces personnages prennent place reste toujours forte. Premiers récits d'initiation, les romans les plus réussis sont justement ceux où les faits et gestes des différents protagonistes acquièrent un sens soustrait à l'évidence et éloigné de la banalité. Les motivations de personnages a priori négatifs gagnent en épaisseur tant l'arrière-plan culturel sur lequel elles se détachent a pris de l'importance (v. par exemple les portraits subtils de Frank et Betty Arbuckle dans *La véritable histoire de Spit Mac Phee* de James Aldridge, Hachette).

Dans ces romans, le questionnement sur le monde s'est déplacé et épouse maintenant celui de la fin de l'enfance et du début de l'adolescence. À la multiplication des rencontres humaines et à l'augmentation de l'autonomie du sujet-lecteur correspondent justement dans la fiction un réseau de personnages et un jeu actantiel plus complexe. Ainsi Claude Gutman dans *La maison vide*, (Gallimard, coll. « Folio ») propose un récit fondé sur le procédé de la focalisation interne : le point de vue est restreint au regard du jeune David séparés de ses parents au moment de la promulgation des lois antijuives de juin 1941. Les personnages rencontrés par l'adolescent pendant sa traversée de la guerre ont, dans cette fiction possédant une base réelle importante, un rôle aussi décisif que leur apparition est éphémère. Gutman est face à un problème narratif intéressant : comment en effet souligner l'influence sur la vie de David de personnages de l'ombre, reliés à des activités qui exigent la plus complète discrétion ? La solution est trouvée dans les **jeux de contraste** qui assurent en partie la lisibilité du personnel du roman : « l'homme au complet sombre », « M. Max », Claire par exemple ne jouent un rôle providentiel auprès du narrateur que par opposition à d'autres : le père supérieur, M. Legendre, Lonia. Avec subtilité, Gutman préfère le jeu des oppositions qui lui évitent de verser sur ces personnages, connus brièvement, une lumière excessive. Ce savoir partiel ajouté à la rapidité de la présentation (seulement quelques détails physiques) contraint le lecteur à la vigilance pour confronter ces informations tout en renforçant chez lui le sentiment d'une époque trouble et troublée, où le danger venait surtout de l'ambivalence possible des individus. Ces aspects formels du récit renforcent finalement la portée générale du roman (v. en annexe le tableau des personnages de ce récit relativement court mais dense).

Le réseau des personnages a tendance à se structurer comme les actions auxquelles ces personnages participent. Des phénomènes d'écho se produisent parfois d'un chapitre éloigné à un autre selon un double principe de **ressassement** et de **progression** au cœur du récit. Une fois identifié le nœud déclencheur de l'action, le mobile du héros (rarement explicite, toujours à souligner si l'on vise la compréhension avant l'explication), les personnages forment bien un « système » dans lequel ils ne sont ni remplaçables ni supprimables.

Ce système gagne à être établi en classe précisément chaque fois que l'abondance des personnages et la complexité de leurs relations le réclament. Mettre en réseau les personnages, repérer et isoler l'espace-temps de l'action, les grandes étapes de l'avancée de l'action constituent des opérations qui transforment, au moins sur le plan formel, le récit littéraire en texte comparable à celui pour le théâtre où liste de personnages, indications sur le lieu et l'époque, découpage en actes et en scènes facilitent la lecture dans la perspective de la mise en scène. Ce rapprochement entre deux genres parfois trop radicalement séparés pourrait inciter à des pratiques de « théâtralisation » du récit littéraire. L'appropriation du récit passe souvent par ce type de lecture et de jeu. De nombreux textes pour le théâtre facilitent de tels rapprochements. C'est le cas des remarquables *Entrées clownesques* proposées par l'historien du cirque Tristan Rémy (éd. de l'Arche, 1962) ou, sur le même thème, de *Ricky Pompon*, texte de Bernard Bossard (l'école des loisirs, coll. « Théâtre »). De telles pratiques tentent une nouvelle fois de requalifier la comparaison entre les genres de récit au lieu d'établir entre eux des cloisons étanches.

Prévoir un dispositif de médiation

En introduisant en classe l'album et la BD, l'enseignant peut viser un comportement de lecteur qui aura des répercussions favorables sur l'apprentissage de la lecture proprement dit. Mais la lecture du roman semble poser, quant à elle, plus de difficultés. Les lecteurs sont aux prises avec une intensification du travail des principales opérations cognitives et, en particulier, de celui de la **mémoire**. Ces récits complexifient délibérément le jeu des personnages, leur portrait, l'espace de l'action et l'avancée de l'action.

Lire un roman, c'est en effet d'abord extraire des informations d'un flux de mots où les repères, parfois peu nombreux, sont aussi peu aisément identifiables. C'est ensuite, prélever, trier, mémoriser et hiérarchiser ces informations sur les personnages, les lieux, les époques, les actions présentées. Le rôle de l'image ayant diminué, ces opérations dépendent entièrement de la lecture des mots. Or, pendant la lecture linéaire, silencieuse ou oralisée du texte, le « travail » de lecture rencontre souvent des difficultés fortuites de divers ordres qui opacifient la compréhension (difficultés lexicales ou syntaxiques, interprétation du ton du dialogue et de ses affrontements, équivoque des substituts grammaticaux...), troublent l'identification des personnages et accaparent l'attention du lecteur au détriment d'observations sur la progression logique et chronologique de l'action, **sur la « phrase » narrative dans toute son ampleur**. Le lecteur perd ainsi de vue la structure au profit de détails de l'ensemble.

Au total, les difficultés portent à la fois sur l'identification des mots, leur compréhension, leur agencement dans la phrase, la faiblesse des anticipations et hypothèses sur le texte, mais aussi sur la perception défaillante de la structure du texte narratif et de sa segmentation, ou ainsi que sur le manque de références culturelles. La lecture est bien alors comparable à une **ascèse**, ce qui peut expliquer certaines réticences à lire le récit dans le roman pour la jeunesse.

Pour pallier ces inconvénients, certaines solutions de plus en plus courantes au plan éditorial consistent dans le choix de supports jugés plus attrayants (couverture, typographie, illustrations, jeux en annexe voire insérés à la fin d'un chapitre). On « ruse » par la diminution de la longueur des textes étudiés. On recherche des « thèmes » plus familiers (sujets de société, d'actualité). On préfère l'inscription des récits proposés dans des genres mieux connus des élèves (fantastique, science-fiction, policier) grâce au cinéma et à la télévision. Bref, la « pédagogie du récit » est désormais inscrite au cœur même du processus de production du livre.

Loin d'être inefficaces, ces stratégies concernent cependant davantage la **motivation** du lecteur et l'environnement des activités de lecture que le récit lui-même. L'effort porte plus sur l'objet-livre que sur les caractéristiques du texte narratif et sur les difficultés précises dont il est la cause. Concours, jeux, questionnaires adaptés visent en outre d'abord à renforcer la socialisation des réactions personnelles et intimes du lecteur et moins à prévenir les difficultés spécifiques du récit. La compréhension et l'interprétation de celui-ci font parfois l'objet en conséquence d'un travail plus superficiel.

Interventions d'écrivains en classe, concours de lecture, rallye-lecture, défis-lecture ou transpositions d'un livre sous une forme théâtrale, cinématographique sont des activités qui visent soit à développer certains savoirs d'ordre culturel, soit à évaluer la compréhension ponctuelle du récit. Fruits en particulier des travaux des sociologues de la lecture, elles tentent entre autres d'initier les élèves aux règles institutionnelles qui régissent la production et la circulation du livre (statut de l'écrivain, circuit de l'édition et de la diffusion...). Elles ne devraient toutefois venir, selon nous, qu'en appui de celles qui visent explicitement l'acte de lecture du texte narratif.

Scolarisés précocement, fréquentant plus ou moins assidûment les bibliothèques, les adolescents sont aujourd'hui familiers de l'album et de la BD et du type de récit qu'ils actualisent au moyen du texte et de l'image. Il n'y a pas donc pas rupture pour ces lecteurs entre les supports de récit mais **transformation** et **complexification** d'un processus déjà amorcé à l'école ou en dehors de l'école.

Comment en classe s'appuyer sur ce savoir **déjà-là** ? Comment anticiper les difficultés prévisibles sinon en prenant appui justement sur les différences et les ressemblances entre les trois genres que nous voudrions maintenant résumer :

La lecture du récit	Dans l'album	Dans la BD	Dans le roman
Unité/division de l'action	Découpage en scènes matérialisées sur les doubles-pages Progression de l'action souvent sous forme de suite de faits liés très logiquement	Enchaînement des actions sur la page avec, dans certains cas, recours au découpage en chapitres	Découpage en épisodes matérialisés par des chapitres Progression de l'action par la succession de péripéties Avancée moins linéaire et rapide de l'action
Identité du personnage principal en tant que foyer central de l'action	Présence continue du personnage principal Identification facilitée par la répétition et la permanence des images	Idem Idem	Présence parfois discontinue car l'intrigue principale s'ouvre à des intrigues secondaires Identification possible par la répétition en particulier du nom mais rendue plus difficile par le jeu simultané de plusieurs acteurs

La lecture du récit	Dans l'album	Dans la BD	Dans le roman
Compréhension de la structuration de l'intrigue	Mise en relief de l'intrigue grâce à la présence : 1) d'un fait marquant lançant l'action 2) d'une juxtaposition d'actions, en nombre réduit, après l'apparition de l'obstacle à surmonter Inscription de l'action souvent dans un cadre temporel et spatial strict et explicite. Concrétisation visuelle d'un environnement qui focalise l'action	Idem Multiplication des lieux de l'action éventuellement marquée par des inserts visant à préciser des informations sur les lieux et temps de l'action	Lancement de l'action souvent plus tardif en raison d'une exposition plus longue Multiplication d'actions intermédiaires et relativement closes sur elles-mêmes Espace-temps de l'action plus complexe en raison de l'allongement de la durée du récit ou de l'imbrication de plusieurs durées, en raison de la multiplication des lieux de l'action
Compréhension du mobile de l'action et des fonctions des personnages	Mobile souvent concret Disposition des personnages, d'ailleurs numériquement réduits, dans des rôles fixes (aide, complication…)	Mobile très variable selon le lectorat visé, tantôt concret, tantôt abstrait Situation intermédiaire entre l'album et le roman	Mobile plus abstrait, moins bien défini ou plus éloignés de la sphère d'expérience des lecteurs Participation des personnages à schéma actantiel plus complexe Ambivalence plus grande
Compréhension du sens général et de la portée de l'action	Inscription du récit dans un seul genre Héritage plus visible du conte et de la fable	Inscription généralement univoque du récit dans des genres plutôt limités (humour, policier, science-fiction, récit d'aventures)	Inscription du récit parfois dans plusieurs genres Jeux d'intertextualité plus nombreux Mélange des formes de discours par alternance des parties dialoguées, descriptions et séquences narratives

En liaison avec des objectifs d'ordre culturel, le travail en classe pourrait avoir justement pour but de faire mieux connaître les caractéristiques formelles du récit littéraire, pour les relier ensuite au sens général de celui-ci. En le comparant au récit oral ou à d'autres formes de discours non narratifs, il s'agirait d'attirer davantage l'attention des élèves sur les **procédures utiles** à la lecture du texte narratif et d'installer une distance critique à l'égard de ce mode d'écriture, d'en mieux connaître les règles de composition afin d'en savourer l'implicite.

Conclusion

OSER DÉRANGER L'UNIVERS

Aujourd'hui, pour l'adolescent, les conditions psychologiques et sociales de découverte des réalités de la vie sont bouleversées. Son entrée en société ne se passe plus exclusivement comme autrefois dans des milieux bien délimités (la famille, les pairs, le collège...). Divers médias lui offrent une vision sans cesse renouvelée du monde, dans le temps et dans l'espace. Les activités humaines se présentent à lui dans un immense kaléidoscope.

Réciproquement, l'adolescent, du moins en Occident, jouit d'un nouveau statut qui l'éloigne et, en même temps, le protège de pratiques visant à agir directement sur l'environnement comme le travail par exemple. Dès lors, son initiation aux réalités de l'existence s'effectue davantage à travers l'expérience d'autres que lui. Cette expérience est portée souvent par les récits de fiction. C'est pourquoi il est fortement attiré par les héros des romans pour la jeunesse qui, parfois plus radicalement que lui ou selon d'autres modalités, se demandent, à l'instar de Jerry Renault, le héros de *La guerre des chocolats* (Robert Cormier, l'école des loisirs, coll. « Médium »), « Oserai-je déranger l'univers ? » et, dans l'affirmative, s'opposent, s'affirment, souvent aux dépens de l'adulte, pour mieux exister.

La socialisation de l'adolescent s'effectue en particulier par la médiation d'individus sans existence réelle et pourtant très concrets : ce sont les personnages du récit qui sont ses alter ego, voire des modèles de comportement. Les personnages adultes, quant à eux, ressemblent souvent à ceux qu'il connaît déjà.

Mais ces récits sont eux-mêmes le fruit de l'imagination d'adultes. Ils offrent donc à l'adolescent une rencontre avec les représentations d'un créateur de fiction, avec un **imaginaire projeté**. Il est normal que cette rencontre soit fréquemment une source de difficultés. Quoi qu'on en ait, c'est l'adolescent qui est libre de décider de l'avenir de cette rencontre, libre donc de choisir, d'aimer et d'entrer dans le jeu de la lecture en appréciant ou non le travail de l'auteur, éventuellement en le refusant. Dès lors il conviendrait en classe, dans ce domaine, de proposer et non d'imposer même si le rôle de l'adulte médiateur reste important.

Plus distancié que l'enfant, l'adolescent n'est pas

toutefois assez familier des principaux mécanismes et composantes du récit littéraire. C'est pourquoi, outre le choix de titres, l'enseignant a toujours pour mission de prévoir, pour nombre de ses élèves, un dispositif de médiation et de **diversifier les voies d'accès au récit**. Le but de ce travail ne devrait pas être d'« enseigner » le sens du récit mais plutôt d'aider à dépasser les difficultés que peuvent susciter, d'abord sur le plan culturel, ensuite sur le plan formel, les récits littéraires.

Les approches formelles du récit ne suffisent pas en effet à réduire la distance parfois très grande entre l'univers créé par l'auteur et le monde de référence de l'adolescent. Elles devraient être, selon nous, replacées à côté d'approches de type culturel qui permettent de réinstaller le récit à la fois dans son contexte de production et dans les formes du discours d'où il émerge.

Comparé à d'autres récits, littéraires ou cinématographiques, devenu objet de discussion organisée et étayée plutôt que d'un commentaire trop limitatif et unilatéral, le récit peut alors garder en classe sa force de subversion et continuer de jouer son rôle de miroir. Nous plaidoyons en faveur d'une approche finalement plus concrète du récit littéraire.

La littérature de jeunesse propose justement au jeune lecteur des approches souvent très directes de son univers. Personnages, actions, décors mais aussi structures, formes et langue l'interpellent plus facilement. Cette littérature constitue donc un réservoir inépuisable de récits capables d'aider l'adolescent à élucider le monde.

Annexe du chapitre I

1) APPRENDRE À LIRE DANS LE RÉCIT

Dans *Les Confessions*, Jean-Jacques Rousseau se souvient :

« *J'ignore ce que je fis jusqu'à cinq ou six ans ; je ne sais comment j'appris à lire ; je ne me souviens que de mes premières lectures et de leurs effets sur moi : c'est le temps d'où je date sans interruption la conscience de moi-même. Ma mère avait laissé des romans. Nous nous mîmes à les lire avant souper, mon père et moi. Il n'était question tout d'abord que de m'exercer à la lecture par des livres amusants ; mais bientôt l'intérêt devint si vif, que nous lisions tout à tour sans relâche et passions les nuits à cette occupation. Nous ne pouvions jamais quitter qu'à la fin du volume. Quelquefois mon père, entendant le matin des hirondelles, disait tout honteux : allons nous coucher, je suis plus enfant que toi.* » (*Les Confessions*, Garnier, p. 38)

La voix maternelle s'est muée en voix paternelle mais le résultat est le même : apprendre à lire passe par la découverte du récit dont l'« intérêt » est « si vif » qu'il fait sortir du temps normal et basculer dans un autre type d'expérience. Le récit et la voix qui raconte ne forment parfois plus qu'un. Dans son autobiographie, *Les Mots*, Jean-Paul Sartre le confirme :

« Cette histoire m'était familière : ma mère me la racontait souvent, quand elle me débarbouillait, en s'interrompant pour me frictionner à l'eau de Cologne, pour ramasser, sous la baignoire, le savon qui lui avait glissé des mains et j'écoutais distraitement le récit trop connu ; je n'avais d'yeux que pour Anne-Marie, cette jeune fille de tous mes matins ; je n'avais d'oreille que pour sa voix troublée par la servitude ; je me plaisais à ses phrases inachevées, à ses mots toujours en retard, à sa brusque assurance, vivement défaite et qui se tournait en déroute pour disparaître dans un effilochement mélodieux et se recomposer après un silence. L'histoire, ça venait par-dessus le marché : c'était le lien de ses soliloques. » (*Les Mots*, Gallimard, coll. « Folio », p. 39 et sq.)

L'auditeur précède de peu le lecteur, boulimique de récits. Lire, c'est bien d'abord et essentiellement lire le récit :

« Aux récits improvisés, je vins à préférer les récits préfabriqués ; je devins sensible à la succession rigoureuse des mots : à chaque lecture ils revenaient, toujours les mêmes et dans le même ordre, je les attendais. » (id.)

La lecture du récit introduit à la connaissance du code de la langue écrite. Pour le jeune Sartre, la métamorphose de la voix maternelle en narrateur se vit d'ailleurs sur le mode de l'hallucination :

« Anne-Marie me fit asseoir en face d'elle, sur ma petite chaise ; elle se pencha, baissa la paupière, s'endormit. De ce visage de statue sortit une voix de plâtre. Je perdis la tête : qui racontait ? quoi ? et à qui ? Ma mère s'était absentée : pas un sourire, pas un signe de connivence, j'étais en exil. Et puis je ne reconnaissais pas son langage. Où prenait-elle cette assurance ? Au bout d'un instant j'avais compris : c'était le livre qui parlait. » (id.)

L'écrivain Michel Leiris lie justement la naissance de sa vocation aux retrouvailles, un jour de son séjour en Afrique du Nord pour cause de service militaire, avec la célèbre invite au récit « Il était une fois » qui, redécouverte sur un objet ordinaire, l'aide à remémorer des moments d'intimité dont l'enjeu était justement un récit :

« Ce qui m'apparaît alors (ce que ces mots : « Il était une fois… » me découvrent en fait) ce n'est ni une perspective de théâtre, bonne pour l'amateur de jeux mentaux et d'illusions, ni l'éclat plus ou moins rare d'un solitaire ou d'une goutte d'eau, mais la féerie de mon enfance elle-

même. Ce qui était une fois, c'est l'enfant que je fus, à qui l'on contait des histoires commençant par Il était une fois... » (*Biffures*, Gallimard, p. 143)

L'autobiographie s'avère ainsi étroitement reliée aux autres histoires.

2) JOUER EN RELISANT L'ACMÉ DU CHIEN DES BASKERVILLE DE SIR ARTHUR CONAN DOYLE

Complexe était l'équation que Holmes a maintenant les moyens de résoudre devant Watson, son ami et disciple :

« Tous mes instincts réfrénés, mes soupçons vagues se précisèrent soudain pour se centrer sur le naturaliste. » (Gallimard, coll. « Folio », p. 200)

Dans le cadre d'une lecture-feuilleton qui donnera à entendre ou à lire les épisodes les uns après les autres, nous proposons de faire précéder cette révélation du présumé coupable d'un travail (oral ou écrit) récapitulatif :

Qui a tué Sir Charles et veut tuer Sir Henry Baskerville ?

Suspect n°1
Nom : Selden
Situation : Forçat évadé
Mobile : Folie meurtrière
Faits suspects : Erre sur la lande et tente d'entrer en contact avec le manoir.

Suspect n°2
Nom : Stapleton
Situation : Entomologiste
Mobile : pour l'instant inconnu
Faits suspects : Se montre très jaloux lorsqu'on approche de sa sœur ; injurie Sir Henry ; est mis en alerte par un hurlement de chien sur la lande.

Suspect n°3
Nom : Barrymore
Situation : Domestique au manoir de Sir Henry Baskerville
Mobile : Hériterait du manoir en cas de décès de Sir Henry.
Faits suspects : Scrute la lande la nuit ; se trouble lorsqu'on l'interroge ; envisage de quitter le manoir.

Suspect n°4
Nom : Laura Lyons
Situation : Sans emploi
Mobile : inconnu
Faits suspects : Devait rencontrer Sir Charles la nuit où il mourut ; ment au sujet de la lettre envoyée à Sir Charles ; voit Stapleton.

Suspect n°5
Nom : M. Frankland
Situation : Juriste
Mobile : Ruiné, il a besoin de beaucoup d'argent à cause des procès qu'il mène dans la région.
Faits suspects : Se montre très irascible lorsqu'on l'aborde ; scrute la lande à l'aide d'une longue vue.

Suspect n°6
Nom : inconnu
Situation : inconnue
Mobile : inconnu
Faits suspects : Se montre par intermittences au sommet d'un pic.

Comment « jouer » ?

- Selon l'âge et le niveau, donner partiellement les indices relevés dans les tableaux ;
- Préciser les pages où l'on trouve les renseignements les plus utiles.

3) DONNER SON POINT DE VUE SUR LE SUSPENSE

Le passage d'un type de lecture à un autre gagne à prendre appui sur le jeu de la lecture. Il s'agirait de faire émerger la composante « jeu » et la composante « savoir » dans certains récits connus, de définir en classe le suspense par exemple en comparant les procédés utilisés dans le récit écrit et dans le récit filmique :

- Se distancier en comparant les procédés du suspense dans un récit écrit et dans un récit filmique adapté du premier au cinéma ou à la télévision. Différentes adaptations cinématographiques du roman de Sir Arthur Conan Doyle par exemple existent et, surtout si elles sont médiocres, méritent d'être comparées à l'original. Les élèves feront alors preuve d'un grand sens critique. La lecture du récit écrit devra toutefois précéder le visionnage.

- Classer dans un tableau les procédés communs à l'écriture et au montage cinématographique.

Remarquer qu'une image au cinéma peut être illustrée, expliquée par la musique, par le bruitage.

Montrer qu'une image, accompagnée par un bruit différent, peut changer de signification.

- En déduire les « avantages » du montage par rapport à l'écrit : il superpose divers signes ; il est plus « allusif ». Le cinéma a plus affaire avec le suspense que l'écriture littéraire.

- Réaliser un montage à partir d'un récit policier connu. Cette activité suppose l'écriture d'un scénario (avec mention du bruitage, de l'éclairage choisis) et la réalisation de « rushes » puis d'un montage avec utilisation de la musique.

Déroulement possible : choisir par exemple dix photos de lieux, d'objets, de personnages

- inventer une énigme,
- ordonner les images afin de donner une impression de mystère,
- inventer le texte « off »,
- ajouter un bruitage,
- enregistrer,
- écouter et critiquer.

4) SE PASSIONNER POUR D'AUTRES RÉCITS RÉCENTS OÙ S'ÉQUILIBRENT JEU ET SAVOIR

a) En pleine nuit de Robert Cormier (l'école des loisirs, coll. « Médium ») :

Ce récit est singulier en raison des jeux de voix et de point de vue étroitement mêlés aux effets de suspense. Un jour d'Halloween, aux Etats-Unis, dans la petite ville de Wickburg, un incendie a éclaté au Globe, cinéma où sont réunies des dizaines de très jeunes enfants pour un spectacle de magie. Vingt-deux enfants meurent dans l'incendie et à cause de l'écroulement du balcon. Parmi les rescapés, le jeune portier, John-Paul Colbert et une fillette de onze ans, Lulu, qui prétend être « morte » ce jour-là. John-Paul, d'abord accusé d'être le responsable de l'accident, est finalement innocenté au détriment de son patron qui se suicide. Lulu, quant à elle, n'aura de cesse de mener sa vengeance d'abord contre John-Paul qu'elle poursuit inlassablement de ses harcèlements chaque Halloween, puis contre son fils, Denny, victime de la folie de Lulu.

Le suspense dans ce récit repose d'abord sur l'ignorance dans laquelle nous restons à propos de ce qu'a réellement vécu Lulu puis sur l'origine des coups de téléphone et des lettres anonymes adressés à John-Paul et à son fils. Il est renforcé par le fait que Denny transgresse, le jour de ses seize ans, l'interdiction de décrocher le téléphone et de parler à des inconnus. D'abord horrifié, Denny est peu à peu envoûté par cette voix inconnue au point de tomber dans le piège qui lui est tendu (sur l'auteur, v. aussi p. 194).

b) Plusieurs récits de Moka *(Ailleurs rien n'est tout blanc ni tout noir, La marque du diable, L'enfant des ombres*, l'école des loisirs) mettent en scène des personnages traversant des épreuves dangereuses qui placent le lecteur dans une situation d'attente inquiète de l'avancée de l'action.

c) De même, Malika Ferdjoukh dans *Faux numéro* ou *Fais-moi peur* (l'école des loisirs, coll. « Médium ») transforme, avec habileté et efficacité, un monde trop familier en univers angoissant. Plus récemment, *Sombres citrouilles* (l'école des loisirs, coll. « Médium ») met en scène un groupe d'enfants aux prises avec un cadavre embarrassant. Les nombreux clins d'œil à Hitchcock permettraient ici de confronter écriture littéraire et écriture cinématographique (v. infra).

Annexe du chapitre II

1) AFFIRMER SON POINT DE VUE GRÂCE AU DÉBAT

Un des objectifs serait de conduire l'élève à justifier son opinion personnelle en manifestant son point de vue dans le discours. Cette justification implique d'avoir recours à un certain nombre d'outils linguistiques qui sont :

- des adverbes modalisateurs d'énoncé : *évidemment, vraiment, malheureusement, heureusement...*
- des verbes d'opinion : *je pense, je crois, je suis persuadé, je suis certain que...*
- des expressions du type : *à mon avis, d'après moi...*

D'autres outils doivent être mobilisés et utiliser à bon escient : ce sont les connecteurs énumératifs et logiques de l'argumentation :

- soit pour gérer une suite d'arguments : *d'abord, de plus, en outre, etc.*

- soit pour réfuter un argument : *absolument pas, bien au contraire...*
- soit pour introduire un contre-argument : *oui... mais, certes..., pourtant* (expression de la concession).

Ces outils ne sont pas forcément disponibles immédiatement dans la langue de l'adolescent mais il est possible de rendre ces mots et tournures plus présents et plus explicites dans la mémoire de travail du locuteur en analysant des débats par exemple télévisuels. Ceci conduira l'adolescent à apprendre à réfuter les arguments de l'adversaire et à fournir des contre-arguments à partir d'un problème le concernant.

Enfin, une place importante devrait être laissée au réinvestissement des connaissances acquises sur le débat dans **une situation fonctionnelle** liée au vécu de la classe. On peut aussi conduire l'élève à réinvestir ses connaissances dans **une situation ludique** (par exemple, débattre à partir de récits humoristiques ou parodiques).

2) ARGUMENTER À PARTIR D'UN RÉCIT TRÈS POLÉMIQUE

Dans *La Citadelle des cauchemars* (l'école des loisirs, coll. « Médium »), Christian Lehmann met en scène un jeune garçon, Vincent, en proie chaque nuit au même cauchemar. Une nuit, la « Créature », Fang, qui le hante rentre dans sa chambre et l'emmène vers la Citadelle des cauchemars qui représente ce qui persiste du bon récit fantastique menacé par le « Marais de l'Ennui » (où l'on reconnaît la télévision, les mauvaises séries romanesques...). Chaque nouvel adepte de ce « Marais » diminue la taille de la Citadelle. Vincent va traverser le « Marais » sans se laisser séduire et sous les ordres de la « Créature ». Aidé par Radegonde, une religieuse autrefois enlevée par Fang, il parvient à un caveau où il retrouve son grand-père responsable des histoires qui ont provoqué ses cauchemars. D'autres personnages l'entourent, qui se révéleront être des écrivains créateurs des meilleurs récits fantastiques : Edgar Poe, Bram Stoker, Howard Phillips Lovecraft, Arthur Conan Doyle. Vincent reçoit la mission de créer des histoires aussi fortes que celles de son grand-père pour que le « Marais » recule et la Citadelle redevienne aussi étendue qu'autrefois.

Revenu chez lui, Vincent devient un critique impitoyable et un écrivain remarquable. Il rencontre alors le célèbre D. L. Stern, auteur de récits fantastiques médiocres, qui lui fait part de ses idées sur l'écriture et sur le succès commercial. Vincent se bat contre Stern, manque de mourir mais est sauvé par ses amis de la Citadelle. Celle-ci va enfin revivre.

À partir de la page 106 et jusqu'à la page 119, les échanges très vifs entre Vincent et Stern pourraient être retenus dans le cadre d'un débat sur le succès et l'intérêt du récit fantastique. Le ton polémique des personnages aidera le jeune lecteur à fourbir ses propres armes :

Arguments (en gras) et contre-arguments (en maigre) de Stern	Arguments (en gras) et contre-arguments (en maigre) de Vincent
« **je suis resté très proche de l'enfant que j'étais à douze ans… et donc de mes lecteurs, sans fausse modestie** » (108)	
« Ce n'est pas si simple que ça, tu sais… La plupart des écrivains crèvent de faim ! […] Je ne voudrais pas que tu te fasses trop d'illusions ! Surtout pas… **Je ne voudrais surtout pas être responsable d'une méprise de ta part, d'une erreur d'aiguillage…** » (111)	« **Ce doit être grisant d'être lu par des millions de gens sur la planète, des gens qu'on ne rencontrera peut-être jamais mais qui partageront nos rêves et…** » (111)
	«… mais si je décidais de le faire… **ça me serait un peu égal de gagner beaucoup d'argent…** » (112)
« Certainement… **mais un livre est fait pour rencontrer un public, pour avoir des lecteurs, tu ne crois pas ?** » (112) « On ne s'improvise pas écrivain, vois-tu… **Il y a des règles à respecter…** » « Je te parle des règles qui font d'un livre un best-seller, qui le propulsent sur les listes des meilleures ventes… Des règles qui font vendre, quoi… **le succès tient à une seule règle :**	« Mais je ne crois pas que les écrivains écrivent forcément pour avoir des lecteurs… Est-ce que ce n'est pas plus important d'écrire pour faire naître une Histoire, sans songer forcément à l'accueil qu'elle recevra ? » (113)
il faut donner au public ce qu'il attend ! » (114) « Il faut donc que j'ancre mes histoires dans cette réalité-là, pas dans une quelconque banlieue française, mais dans des univers bien définis, qu'on a vus cent fois à la télé et au cinéma et **qu'il n'est plus besoin de décrire**… Le **truc classique**, quoi, mais qui marche à tous les coups du moment qu'on en connaît les **ficelles**… » (116)	
« Il faut que **le lecteur s'identifie immédiatement au personnage principal**, garçon ou fille, avec des problèmes d'appareil dentaire, éventuellement des problèmes de flirt, mais pas trop poussé, hein ? » (116)	« Eh bien avec tout ça, j'ai eu bien de la chance que vous appréciiez quand même mon Histoire… » (118)
« Tu fais **preuve d'une imagination puissante…** »	

Utilisation de « ficelles », souci de satisfaire en priorité les goûts supposés du jeune public d'un côté, préférence à l'histoire elle-même et indifférence à l'« accueil » du livre d'un autre, tel est, résumé, le débat qui oppose l'écrivain Stern et le jeune Vincent. Leurs arguments peuvent d'abord servir d'introduction à l'étude de l'argumentation (en quoi s'oppose-t-elle à la narration proprement dite ? quels effets vise-t-elle ? comment reconnaître un bon argumentateur ?...). En demandant aux élèves d'assurer la poursuite de ce débat, ces arguments donneraient la possibilité de parler autrement du récit.

Phase 1 : la classe est divisée en trois groupes : les deux premiers **cherchent les arguments** de Stern ou ceux de Vincent ; le troisième n'intervient pas.

Phase 2 : ces deux groupes cherchent à les **étayer** en s'appuyant sur des faits (le succès de la collection « Chair de poule ») sur des chiffres de vente, sur d'autres exemples, sur des témoignages, sur des valeurs... Chaque groupe tente ainsi de donner plus de force aux arguments des deux protagonistes du récit.

Phase 3 : un débat opposent les deux groupes ; le troisième est chargé de **noter** et de **classer** les arguments venus renforcer le débat.

Phase 4 : le groupe 3 **récapitule** les arguments échangés par les deux autres groupes et demandent une confirmation et, éventuellement, des précisions. Ainsi on s'assure que les notions d'arguments et de contre-arguments sont acquises.

Phase 5 : ensemble, on analyse les types d'argument ajoutés à celui du livre (sont-ils du même ordre ? révèlent-ils des valeurs personnelles ? des croyances ?).

Phase 6 : il est possible d'amener les élèves à **prendre conscience** de leur attitude – positive, négative ou neutre – durant la séance à l'aide des critères suivants :

Interventions positives

1. Soutient autrui, aide, encourage, montre de l'estime ;
2. Accepte, se dit en accord, comprend autrui ;
3. Fait des suggestions, donne des idées, des directions possibles ;
4. Donne son avis, ses opinions, évalue, affirme ;
5. Donne des commentaires et des informations, confirme, clarifie, répète ;
6. Demande des informations et des explications ;
7. Demande son avis à un autre.

Interventions négatives

8. Rejette des idées, des suggestions ;
9. Se dit en désaccord, met en doute, refuse ;
10. Manifeste de la tension et accroît la tension ;
11. Attaque, se défend, montre de l'antagonisme, s'oppose.

Un tableau permettrait de mieux noter le type d'intervention des élèves en situation :

	Nom de l'élève	Nom	Nom	Nom	Nom	Nom	Nom
Intervention positive 1							
2							
3							
4							
5							
6							
7							
Intervention négative 8							
9							
10							
11							

Ce tableau, inspiré des travaux de F. Bales et R. Mucchielli (in *Communications et réseaux de communications*, ESF), peut faire évoluer, sur ce point, le travail en classe.

3) RÉPLIQUER À D'AUTRES RÉCITS POLÉMIQUES

a) No pasaran, le jeu (l'école des loisirs, coll. « Médium ») est un autre récit du même auteur susceptible d'interpeller en profondeur le lecteur et de donner lieu à d'intéressantes discussions.

Trois adolescents, passionnés par les jeux vidéo, en découvrent un particulièrement original à l'occasion d'un voyage en Angleterre. Son titre, *L'expérience ultime*, est éloquent. En effet, à l'inverse des jeux traditionnels, celui-ci permet aux joueurs de revivre « en direct » des scènes historiques au cours desquelles la violence des hommes fut poussée à son paroxysme. Ainsi tour à tour, nos trois héros se retrouveront plongés dans l'enfer de Verdun, les rizières vietnamiennes, la guerre d'Espagne, la Seconde Guerre mondiale puis la guerre en Bosnie. Ce jeu maléfique fera découvrir à l'une de leurs amies, exilée en France, que son père est un bourreau. Deux des trois héros, Eric et Thierry, effrayés par le réalisme des images et l'impossibilité de « décrocher », décident de ne plus jouer. Andréas, par contre, fasciné depuis longtemps par l'idéologie nazie, poursuit le jeu, entraînant avec lui ses deux amis malgré eux. D'un simple jeu vidéo, le lecteur assiste à la lutte du Bien et du Mal. Andréas, dénonciateur de Juifs, sera arrêté à son tour et l'« Expérience ultime » cessera.

Ce roman incite à réfléchir à la fois sur la fascination qu'exerce aujourd'hui la violence et sur le dédoublement de la personnalité que peuvent provoquer les jeux vidéo sur des esprits fragiles. Exemples donc de jeunes gens issus d'une génération qui semble abuser parfois des mirages du virtuel au détriment de le réalité (sur ce point, v. l'essai de J.-M. Schaeffer, *Pourquoi la fiction ?* Seuil, 1999, en particulier p. 40 sq.). Son introduction en classe faciliterait la création d'un débat sur les limites et les dangers potentiels de ce type de jeu.

b) Parmi les récits littéraires, nombreux sont ceux qui proposent, au fil des dialogues, des moments de débat entre les personnages qu'il est possible et utile d'expliciter. Ainsi dans la nouvelle « Aux champs » (in *Contes et nouvelles de Normandie,* Larousse), Guy de Maupassant met en scène deux familles de paysans que des bourgeois sollicitent tour à tour dans le but d'« acheter » un de leurs enfants. Arguments et contre-arguments ne sont qu'esquissés par l'auteur, laissant ainsi au lecteur le soin de débattre à son tour du bien-fondé de la décision des deux familles.

c) Tout au long du chapitre II du récit de William Golding, *Sa Majesté des Mouches* (Gallimard, coll. « Folio »), les enfants débattent des règlements qu'il convient de se donner pour rendre la vie sur l'île plus facile. Ces pages contiennent une foule de détails et de propos sur les comportements efficaces lors d'une discussion.

d) Au chapitre 14 de *La véritable de Spit Mac Phee* (James Aldridge, Hachette), Grace Tree tente de convaincre son mari du bien-fondé de sa démarche à l'égard de Spit. La guerre des Eglises protestante et catholique, en Australie, est au centre de la discussion.

e) Dans son récit, « Le noyer » (in *À la vie, à la mort,* Gallimard, coll. « Page blanche »), Paule du Bouchet met en scène une âpre discussion entre le Père Florent propriétaire du champ où se trouve l'arbre, et des hommes de la Résistance désireux de mener à bien l'opération « Aile bleue », ce qui suppose d'abattre l'arbre.

f) En outre, de nombreux récits filmiques donnent une ampleur particulière à cette question du débat. Citons, parmi d'autres, *Douze hommes en colère* (Sydney Lumet, 1957), *Le juge et l'assassin* (Bertrand Tavernier, 1975), *Les sentiers de la gloire* (Stanley Kubrick, 1957).

Annexe du chapitre III

1) Faire le point sur une personnalité très controversée

C'est à Bligh lui-même que l'on doit le premier récit de la mutinerie dans un livre – précisément son journal de bord - publié en en France dès 1790 par Firmin Didot puis par un second livre publié en 1792 et de nouveau traduit en français. Amplifiée par les événements de la révolte des marins dans le port de Spithead, cette version des faits par le principal acteur les fit connaître au-delà de l'Angleterre et le procès des mutins en septembre 1791 suscita l'intérêt le plus vif des opinions publiques.

Mais le rôle de Bligh pendant le voyage aller de la *Bounty* ne fut connu que par les témoignages de Peter Heywood et par le récit qu'en fit dans son journal James Morrison, second maître de manœuvre à bord de la *Bounty*, arrêté à Tahiti puis survivant du naufrage de la Pandora, condamné à mort puis gracié par le roi. Son journal ne fut publié qu'en 1966 mais on pouvait auparavant le consulter tout comme les dépositions de Heywood au procès. Leurs propos modifièrent sensiblement l'interprétation de la révolte des marins. L'attitude de Bligh y apparaît désormais sous un jour bien moins favorable. Verne par exemple ne semble pas connaître tous ces écrits sinon son récit ne serait pas aussi univoque.

C'est que cette mutinerie a révélé, comme le naufrage de la Méduse, des hommes hors du commun, des « personnages », comme on dit, au tempérament bien marqué et qui exigent moins d'effort que d'autres pour être transformés, par l'imagination, en héros de roman ou de film. Violence extrême de l'abandon en plein Pacifique, éloignement total de la civilisation, relâchement de la morale chrétienne, cargaison magique, questionnement sur la légitimité et le sens du pouvoir : tous ces thèmes sont présents dans chaque récit. Jules Verne, quant à lui, médite sur les croyances de Fletcher Christian, le « chrétien » parjure. Quelle « faute » a-t-il commise exactement ? Une rébellion contre l'autorité ou quelque chose de plus essentiel : une volonté de se soustraire aux lois chrétiennes. Pitcairn sera sauvée de l'anarchie, comme la rappelle Verne à la fin de son récit, par un certain John Adams (autre nom prédestiné ?), chrétien fervent qui, autoproclamé « grand-prêtre » de l'île, la réorganisa selon les principes de la morale chrétienne en interdisant par exemple la boisson, la polygamie et en développant l'éducation des enfants. Verne rapporte en outre que l'économie de l'île fonctionnait sur les principes du troc. Agriculture et pêche suffisaient à nourrir ce petit peuple. Concrétisation de l'âge d'or tant rêvé par les Anciens ? Sans nul doute, Verne ne se contente donc pas d'une étude sur un marin hors pair mais il écrit un récit en forme de parabole. La prévoyance et la sagesse d'Adams tranche avec l'impulsivité de Christian. Les principes chrétiens sont sauvegardés car civilisation et chrétienté sont étroitement liées.

L'affaire de la *Bounty* est apparu comme un événement précurseur, ce qui renforça son succès. On prit parti dès lors, politiquement et philosophiquement, pour ou contre la contestation de l'autorité établie que cette affaire avait révélée. Le récit des faits bruts s'est donc rapidement **augmenté de significations sociales et politiques** et devient l'équivalent d'une épopée moderne où tout un peuple pouvait lire un résumé de son destin.

Quelles furent donc la personnalité de William Bligh et celle de Christian selon Jules Verne ? Faut-il diminuer les torts du premier ? Faut-il disculper le second ? Nous avons proposé aux élèves de mener l'enquête sur la base de ces extraits et des récits filmiques cités précédemment que le lecteur aura pu se procurer.

Quelques supports

- *Les révoltés de la Bounty*, récit de Jules Verne, Gallimard, coll. « Folio Junior », n° 90 ;
- *Les révoltés du Bounty*, film de Lewis Milestone, 1962 (ou un autre) ;
- *L'histoire vraie des mutins de la Bounty*, étude de Yves Kirchner, Gallimard, coll. « Découvertes Gallimard », 1988, n° 43 ;
- *Les Révoltés du Bounty*, récit de Sir John Barrow, Hachette ;
- *Les Révoltés de la Bounty*, récit de Charles Nordhoff et James Norman Hall, Phébus.

Activités possibles

- Le premier travail en classe pourrait consister à établir les faits bruts puis à cerner l'origine des informateurs cités plus haut (qui sont-ils ? qu'écrivent-ils ? quels rôles ont-ils joués ?).

- On peut ensuite donner à lire ou à entendre le texte de J. Verne, visionner l'un des films et résumer le débat.

- L'analyse d'un des films incite à une confrontation : quel est dans ce film le motif de la révolte ? Quel est dans le livre de J. Verne ce motif ? Quel est le motif immédiat de la révolte (le vol de noix) dans le livre de Kirchner ? Comment réagit Christian dans les trois cas ? Bligh était-il selon ces récits un tyran ou un héros ? Bligh avait-il le droit d'accuser certains hommes de s'être révoltés ?

- Le travail peut consister en une recherche documentaire avec réflexion sur les titres des supports (problème du genre du nom du bateau) : *Si vous devez chercher la vérité historique, quel(s) support(s) choisiriez-vous en priorité* ? *Comment déterminer cette vérité* ?

- En liaison avec le cours de géographie et d'histoire, on peut s'intéresser par le biais de ce récit à Tahiti, aux écrits de Cook et Bougainville et « lire » des œuvres d'art montrant des Tahitiens (voir celles de Gauguin) : qu'est-ce que représentait dans l'imaginaire des Européens cette île ?

2) CONFRONTER UN RÉCIT ÉCRIT ET UN RÉCIT FILMIQUE

À partir d'un extrait du roman de Nordhoff et Hall et l'un des films adaptés de ce roman, on peut se donner comme objectif de définir ce qu'est une adaptation : ce n'est ni une simple mise en image, ni un emprunt partiel (une citation) ; on adapte généralement une œuvre littéraire ; on la fait passer d'un support à un autre en conservant plus ou moins le narré mais en changeant la narration ; on adapte souvent pour faire connaître l'œuvre à un plus vaste public. Une adaptation, c'est donc à la fois une transformation, une translation, une transposition et une acclimatation d'un récit antérieur. C'est aussi une sélection d'informations, une interprétation (une « lecture »), une re-création d'un récit de base.

Voici un questionnaire possible pour confronter un récit écrit et un récit filmique :

a) Quelles différences notez-vous entre les 2 récits au point de vue :
- des lieux où se déroule l'action ;
- de l'époque ;
- des personnages principaux ou secondaires.

b) Dans quels domaines le récit filmique diffère-t-il le plus ? Le film a-t-il changé de genre ? Pourquoi selon vous ? Quelles sont les intentions du réalisateur ?

c) Qu'est-ce que ces transformations apportent de nouveau au récit original ?

d) Pourquoi le réalisateur n'a pas selon vous, recherché la fidélité absolue et complète au récit original ?

Source	Journal de Bligh, cité dans le livre de Yves Kirchner, *L'histoire vraie des mutins de la Bounty*, coll. « Découvertes Gallimard » © Gallimard
Extrait	« Malgré la rudesse avec laquelle il me traita, Christian manifesta quelque signe de remords, lorsque je lui rappelai le caractère amical de nos relations passées. Au moment de prendre place dans la chaloupe, je lui demandai si c'était là un juste remerciement des nombreux témoignages d'amitié que je lui avais manifestés. Il parut troublé par ma question et me répondit d'une voix vibrante d'émotion : « Voyez-vous, capitaine, c'est que j'ai vécu l'enfer ! J'ai vécu l'enfer ! » « Aussi peut-on se demander pourquoi une telle révolte éclata ? En réponse à cela, je n'ai qu'une supposition : les mutins se sont bercés eux-mêmes de l'espoir d'une existence plus heureuse parmi les Tahitiens que celle dont ils auraient pu jouir en Angleterre. Cette illusion, associée à des liens sentimentaux noués dans l'île, a certainement motivé leur action. »
Analyse	La lucidité de Bligh sur les intentions des mutins laisse à penser que l'homme avait en partie prévu l'événement, ce qui expliquerait son intransigeance au moment du départ de Tahiti.
Source	Déposition de Thomas Burkett, sous-officier (citée dans le livre de Yves Kirchner, coll. « Découvertes Gallimard » © Gallimard)
Extrait	« J'ai entendu le commandant dire : « Au nom du ciel, Monsieur Christian, réfléchissez à ce que vous faites. Renoncez à votre entreprise, et il ne sera question de rien. » « C'est trop tard, commandant. Si vous aviez eu quelque honneur, les choses n'en serait pas là. Vous savez bien que vous m'avez traité comme un chien durant out le voyage. Depuis ces quinze derniers jours, ma vie a été un enfer et je suis décidé à ne plus le supporter. »
Analyse	L'image d'un Bligh tyrannique ne résiste pas devant ce témoignage. Christian semble avoir brusquement radicalisé ses sentiments contre son supérieur, ce qui confirmerait l'hypothèse selon laquelle des peines de cœur l'accablaient à ce moment.
Source	Article d'un anonyme dans United Service Journal, avril 1831 (cité dans le livre de Yves Kirchner, coll. « Découvertes Gallimard » © Gallimard)
Extrait	« Nous savons tous qu'une mutinerie ne peut avoir que deux causes : une excessive bêtise ou une excessive tyrannie ; aussi (la logique est admirable) comme Bligh n'était pas un idiot, la conclusion va de soi. Non seulement le récit que Bligh publia se révéla faux sur bien des points – ainsi que ce fut prouvé devant la cour martiale – mais encore sa carrière, après cet événement, se distingua par une insolence, une cruauté et une grossièreté qui en disent long sur le personnage. »
Analyse	Propos simplificateurs ou accusation fondée sur des témoignages que nous ne connaissons pas ? Cette voix anonyme a, en tout cas, beaucoup contribué à forger l'image d'un Bligh cruel et borné.

Source	Journal de James Morrison, sous-officier, (cité dans le livre de Yves Kirchner, coll. « Découvertes Gallimard » © Gallimard)
Extrait	« Le but de notre voyage aux îles de la Société étant finalement atteint, nous appareillâmes le 4 avril 1789. Tout le monde semblait content et parlait déjà de revoir le pays, comme si nous venions de quitter, non pas Tahiti, mais la Jamaïque. Dans l'après-midi du 27, le lieutenant Bligh vint sur le pont. S'apercevant qu'il manquait un certain nombre de noix de coco qui avaient été empilées entre les canons, il déclara aussitôt qu'on les avait volées et que cela n'avait pu se faire à l'insu des officiers. Aussi les envoya-t-il chercher pour les interroger. Ils affirmèrent qu'ils n'avaient vu personne s'approcher des noix, et Bligh s'exclama : « Alors c'est vous qui les avez prises ! » et il se mit à les questionner séparément sur le nombre de noix qu'ils avaient subtilisées. Quand ce fut le tour de Mr. Christian, ce dernier répondit : « Je l'ignore, sir, mais j'espère que vous ne me croyez pas assez mesquin pour vous voler des noix ! » Et Mr. Bligh répondit : « Oui, misérable, je le crois bien ! Vous me les avez certainement volées, sinon vous sauriez m'en donner un compte exact ! »
Analyse	L'intérêt majeur de ce témoignage est de situer le juste motif de la querelle qui nous paraît rétrospectivement dérisoire. Cependant les propos venimeux confirment que les désaccords ne dataient pas du séjour à Tahiti.
Source	Poème de Byron (cité dans le livre de Yves Kirchner, coll. « Découvertes Gallimard » © Gallimard)
Extrait	« Réveille-toi, brave Bligh ! L'ennemi est à la porte, réveille-toi, réveille-toi ! Hélas ! il est trop tard, le rebelle se poste fièrement à l'entrée de ta chambre, et il proclame le règne de la rage et de la terreur ; tes membres sont garrottés, la baïonnette menace ta poitrine ; ces mains qui tremblaient à ta voix t'arrêtent prisonnier, et te traînent sur le tillac. L'instinct sauvage, qui, en nous poussant avec désespoir hors des sentiers de l'obéissance, voudrait étouffer le remords par la colère, a saisi de ses vertiges ces hommes qui en croient à peine leur audace, et craignent encore le chef qu'ils sacrifient. »
Analyse	Beaucoup d'emphase mais Byron vise dans Bligh le héros romantique courageux et lucide.
Source	Récit de John Barrow, éd. Hachette
Extrait	« Il ne rentre pas dans notre intention en relatant l'histoire de cette mutinerie d'accuser, pas plus que de défendre feu l'amiral Bligh. Il est notoire qu'il était un homme d'une humeur irritable à l'extrême. Qu'il fût grossier et brutal, et se fît une idée toute personnelle de la discipline, cela est tout à fait vrai, mais ses mérites n'en demeurent pas moins certains [...] »
Analyse	Barrow entreprend un récit qu'il veut objectif autant que faire se peut. Mais sa conclusion – peut-être rédigée longtemps après le reste du texte - oriente différemment le lecteur : - à propos de Christian : « Si l'on peut échapper à la loi des hommes, il est vain d'espérer fuir la Vengeance divine. » - à propos de Bligh : « Les jeunes officiers verront combien il est dangereux de laisser l'équipage s'écarter de la stricte observance du règlement ; ils sauront quels dangers ils courent à se montrer eux-mêmes négligents dans l'accomplissement de leur devoir et à donner à croire, par leurs paroles ou leurs actes, qu'ils ne respectent eux-mêmes l'autorité de leurs supérieurs. » La leçon est claire : Chistian a commis une faute au sens chrétien ; la grandeur de Bligh ne peut pas être remise en question. Il a comme seuls torts d'avoir appliqué « sans nuance » le règlement. Mais la nécessité d'une soumission aux lois - humaines et surtout divines - reste totale.

Source **Extrait** **Analyse**	Récit de Jules Verne, éd. Gallimard « La Bounty avait quitté Spithead le 23 décembre 1787, sous le commandement du capitaine Bligh, marin expérimenté mais un peu rude, qui avait accompagné le capitaine Cook dans son dernier voyage d'exploration. » « Le capitaine eut alors un moment de découragement et de faiblesse bien pardonnable, qui ne dura pas. « Christian, dit-il je vous donne ma parole d'honneur d'oublier tout ce qui vient de se passer, si vous renoncer à votre abominable projet ! Je vous en supplie, pensez à ma femme et à ma famille ! Moi mort, que deviendront tous les miens ! – Si vous aviez eu quelque honneur, répondit Christian, les choses n'en seraient point arrivées à ce point. Si vous-même aviez pensé un peu plus souvent à votre femme, à votre famille, aux femmes et aux familles des autres, vous n'auriez pas été si dur, si injuste envers nous tous ! » « Ce brave officier, dont la conduite jusqu'alors loyale et franche, avait mérité les éloges de tous les commandants sous lesquels il avait servi, n'était plus aujourd'hui que le chef d'une bande de forbans. Il ne lui serait plus permis de revoir ni sa vieille mère, ni sa fiancée, ni les rivages de l'île de Man, sa patrie. Il se sentait déchu dans sa propre estime, déshonoré aux yeux de tous ! Le châtiment suivait déjà la faute ! » Texte clé, on ne peut plus ambigu car c'est tantôt un chroniqueur qui parle d'une personne, tantôt un romancier qui connaît les pensées les plus intimes de son « personnage » et anticipe la fin de son récit pour renforcer l'intérêt. Comme l'avait fait déjà Byron, et bien que soit rappelée la brutalité de Bligh, Christian est nettement présenté ici comme le jouet de ses sentiments de dépit. Dans une lecture très chrétienne des faits, il a commis une « faute » qui appelle son châtiment.
Source **Extrait** **Analyse**	Récit de Charles Nordhoff et James Norman Hall, L'Odyssée de la « Bounty », éd. Phébus, Paris 1991 « Stewart et moi étions persuadés que c'était Churchill l'instigateur de la révolte. Ainsi que je l'ai raconté, Bligh l'avait sévèrement châtié après qu'il eut tenté de déserter à Tahiti. Je savais combien il le haïssait, et on pouvait imaginer qu'un homme tel que Churchill pût en arriver à fomenter une mutinerie. Mais que Christian en fût venu là, quels qu'eussent été ses griefs contre Bligh qui l'avait poussé à bout, voilà qui était proprement inconcevable [...] Puis le silence était retombé sur le navire, et les hommes accoudés sur la lisse avaient regardé s'amenuiser de plus en plus la chaloupe au fur et à mesure que nous nous éloignions d'elle. Christian la regardait lui aussi, de là où je l'avais vu la dernière fois. Impossible de deviner à quoi pouvait bien penser à cet instant-là. L'évocation de tous les torts que lui avait infligés Bligh devait tant lui cuire et le submerger, je crois, qu'elle prenait chez lui le pas sur tout autre sentiment. Lorsque les stimule l'aiguillon de l'iniquité, les hommes aussi passionnés que lui n'ont plus le sens de rien, sinon de leurs propres infortunes. » C'est un jeune sous-officier tiré de son lit par les cris de Bligh qui parle. Resté contre son gré parmi les mutins, Byam, le narrateur, tente de percer les intentions passées, présentes et futures de Christian dont l'acte est mis sur le compte d'un orgueil bafoué et d'une révolte contre l'injustice au-delà de toute raison.
Source **Extrait** **Analyse**	Portrait de Bligh par Leslie Stephen en 1886 « Ayant acquis une solide réputation d'excellent navigateur, il reçut en décembre 1787 le commandement de la Bounty, jaugeant 250 tonneaux, qui arriva à destination (Otaheite) après dix mois de navigation. Mais son tempérament irascible et ses manières impérieuses suscitèrent une mutinerie à bord du navire. » On est loin du portrait de Morrison : « irascible » et « impérieux » banalisent les faits que d'autres lui ont reprochés.

3) Expliciter le contexte d'un livre-événement (Les Misérables de Victor Hugo)

Le succès des *Misérables* depuis sa publication en 1862 jusqu'à aujourd'hui ne laisse pas d'étonner. Une récente comédie musicale jouée à Paris puis diffusée sur toutes les radios a montré encore la vivacité de ce monument littéraire. Est-ce pourtant le roman ou le récit porté par ce roman qui continue de captiver ? Depuis longtemps en effet, *Les Misérables* constituent un récit détaché de sa forme narrative première. De ce livre-fleuve, les nombreux adaptateurs ont retenu une intrigue où héroïsme, injustice sociale et grands sentiments permettent presqu'à coup sûr de toucher un public populaire, français ou non. *Les Misérables* ressemblent plus alors à un scénario de cinéma qu'au roman historique initial de Hugo. Si Roland Barthes pouvait compléter ses *Mythologies* (1970), il est fort probable que la fortune de ce récit ferait partie de ses mythes d'aujourd'hui. À lui seul, le cinéma propose une vingtaine d'adaptations (ou de détournements) du livre de Hugo dont le credo (*« Tant qu'il existera, par le fait des lois et des mœurs, une damnation sociale créant artificiellement, en pleine civilisation, des enfers [...] des livres de la nature de celui-ci ne pourront ne pas être inutiles »*, Préface) continue d'être en phase avec notre époque.

Mais l'œuvre a subi dans tous ces détournements de sérieuses édulcorations. Ce succès sans faiblesse n'est pas sans danger et mériterait d'être mis en relation avec les réactions que la publication du roman suscita en son temps. En voici un résumé :

Victor Hugo parachève son roman depuis son exil de Hauteville House commencé après le coup d'État de Louis-Napoléon Bonaparte de 1851. Ses voyages en Belgique et en Hollande lui permettent en 1860 et 1861 d'y mettre le point final le 30 juin 1861. Le livre, qui est à bien des égards, le plus prémédité et le plus élaboré de Hugo, paraît en France au printemps 1862. Il ne va pas cesser d'être dès lors l'enjeu d'une bataille acharnée entre l'écrivain et l'Empire détesté. Ce roman a donc d'emblée une forte odeur de poudre qui tranche radicalement avec les versions entendues récemment où le lion Hugo est changé en toutou.

La publication des *Misérables* est à elle seule un événement de portée considérable en son temps. Cela tient d'abord à la personnalité de son auteur. Victor Hugo est un homme politique de premier plan lorsqu'éclatent les événements de 1848. Mais la reprise en main du pouvoir en 1851 par un neveu de Napoléon fait de lui d'abord un opposant qui incline vers la gauche de l'Assemblée puis, à partir du coup d'État de décembre, un proscrit. Hugo fuit la France en cachette pour échapper à la police. Depuis les îles anglo-normandes où il a trouvé refuge, il mène la vie dure au nouveau gouvernement. Des livres comme *Histoire d'un crime, Napoléon-le-Petit,* les *Châtiments* font de lui une réelle menace pour l'Empire.

Un livre « horrible » ?

Voici le feuilleton de cette publication presqu'au jour le jour :

15 avril 1862 : Hugo enregistre dans un carnet personnel la menace qui pèse sur son livre : « Les journaux anglais et belges annoncent : *Les Misérables* vont être saisis ».

29 avril 1862 : l'écrivain Cuvillier-Fleury, précepteur du duc d'Orléans, écrit dans les *Débats* qu'il s'agit d'une « chose plus dangereuse qu'un traité socialiste ».

8 mai 1862 : Hugo lui réplique en écrivant : « Vous vous honorerez en prouvant au pouvoir peu moral et peu scrupuleux de ce régime que les écrivains ne lui livrent pas les écrivains. »

14 avril 1862 : l'ancien député et écrivain Lamartine écrit : « *L'homme contre la société*, voilà le vrai titre de cet ouvrage ; ouvrage d'autant plus funeste qu'en faisant de l'homme individu un être parfait, il fait de la société humaine le résumé de toutes les iniquités humaines ; livre qui ne peut qu'inspirer une passion, la passion de trouver en faute la société, de la renouveler et de la renverser. Ce livre d'accusation contre la société s'intitulerait plus justement L'épopée de la canaille, or la société n'est pas faite pour la canaille, mais contre elle [...] En résumé, les *Misérables* sont un sublime talent, une honnête intention et un livre très dangereux de deux manières : non seulement parce qu'il fait trop craindre aux heureux, mais parce qu'il fait trop espérer aux malheureux. »

26 mai 1862 : le journaliste Edouard Fournier écrit dans le journal *La Patrie* que ce roman est « un tourbillon, un ouragan. Il vient de haut, mais les régions qu'il quitte sont moins chargées de pluie féconde que d'électricité dangereuse. Comme un orage, il passera. »

28 mai 1862 : l'écrivain Barbey d'Aurevilly pose la question dans un article du journal *Le Pays* : « Pourquoi M. Théophile Gautier n'a-t-il rien dit des *Misérables* ? Pourquoi M. Sainte-beuve est-il muet ? »

29 mai 1862 : A. Grenier écrit dans le journal *Le Constitutionnel* : « *Les Misérables* sont la négation des principes sur lesquels repose la société, des expériences qui confirment ces principes, des institutions qui les traduisent et les sauvegardent. Si les conclusions de ce livre étaient admises, rien de l'ordre social ne devrait rester debout. »

2 juin 1862 : Hugo note dans un carnet : « Barbey d'Aurevilly, Grenier, Caro. On a des agents de police littéraire qu'on récompense avec la croix d'honneur. »

9 août 1862 : Jules Lecomte, journaliste au *Monde illustré* écrit : « *Les Misérables* aura donc eu, entre autres résultats de diverses natures, ce bon côté de mettre à l'ordre du jour ou à l'étude certaines questions de perfectibilité sociale. »

10 août 1862 : Félix de la Ponterie écrit dans le journal *La France* : « En voyant Victor Hugo entourer un forçat de toutes les sympathies et revêtir d'une apparence odieuse le représentant de l'autorité sociale, l'opinion s'étonne et s'inquiète [...]. Un bon roman nous eût montré un Jean Valjean réconcilié avec l'ordre social et un Javert donnant « à la loi ce qui lui manque nécessairement de charité ». C'eût été de saine doctrine et de bonne politique. »

1er octobre 1862 : Léon Grenier écrit dans *La Revue française* à propos de la pièce de théâtre adaptée du roman par le fils de Hugo : « Le ministre, assure-t-on, s'est opposé formellement à la représentation et de plus il a interdit à tous les directeurs de théâtre de laisser dans les revues de fin d'année la moindre allusion tant à l'œuvre de Victor Hugo qu'aux personnages de cette œuvre. »

9 octobre 1862 : Le journal d'opposition, *Le Charivari*, publie cet article ironique : « Les devoirs d'un bon français, nouveau projet de code pénal. Art. 1er : le droit de tout bon français est de ne jamais prononcer le nom de V. Hugo. Art. 2 : le journal qui publiera une lettre de V. Hugo sera supprimé. Art. 3 : M. Pagnerre, éditeur français des *Misérables*, est placé sous la surveillance de la haute police. Art. 4 : Est déclaré traître l'homme qui achètera sur le boulevard une photographie de Victor Hugo. Art. 5 : Tout journal qui se respecte ne prononcera le nom de V. Hugo que pour dire du mal de lui. Art. 6 : Toute personne à qui V. Hugo adresse une lettre est tenue de brûler l'autographe en place publique… »

Janvier 1863 : le procureur impérial de Châlons-sur-Marne, Perrot de Chezelles, écrit à propos du fameux passeport jaune de Jean Valjean qu'il ne s'agit que « d'une mesure de précaution à l'égard du libéré». Si les galériens relâchés portent sur leur passeport la lettre F (forçats) ou R (reclusionnaires) ou C (condamnés correctionnels), ces indications ne sont pas connues du public. D'ailleurs on sait assez que le condamné ne manque pas de détruire son passeport en prétendant qu'il l'a perdu. Il faut se débarrasser des délinquants, faire disparaître le forçat libéré du sol de France et transporter le plus possible de délinquants en Algérie, ce qui permettrait de la peupler de colons avec concessions de terre [...] Hugo prêche l'anarchie. *Les Misérables* sont donc le plus horrible livre qu'on ait jamais écrit. »

Hugo, ennemi public

Victor Hugo, ennemi public du gouvernement français en 1862, auteur d'un « livre horrible », voilà une image qui tranche radicalement avec la légende qui s'est formée. Exilé volontaire, Hugo ne se contente pas de dénoncer l'Empire dans ses poèmes. Le récit des *Misérables* est la continuation de ses nouvelles idées sociales. Droits de l'enfant, conditions de vie des prostituées, réinsertion des prisonniers sont autant d'idées subversives que l'œuvre porte en elle.

Personne à l'époque ne se trompe d'ailleurs sur les intentions de l'« exilé volontaire » et les calomnies dont Hugo fut victime montrent bien l'acharnement de ses détracteurs et la menace que ce livre exerce sur eux et sur leur place dans la société.

Hugo dérange car son livre est un énorme succès populaire dès 1862. Une France conservatrice se dresse contre une France libérale et progressiste. Le roman est commenté avec d'autant plus d'avidité que les faits historiques mis en scène (journées insurrectionnelles de 1832) sont encore dans les mémoires de beaucoup de lecteurs. *Les Misérables* sont un roman de **l'histoire immédiate** qui permet de lire le présent de l'Empire à la lumière de faits illustres (les barricades où s'activent les Républicains de l'ABC). Le livre s'inscrit dans un courant d'idées bientôt majoritaires. Son succès dépend des interrogations de milliers de gens avides de réformes sociales et qui feront de ces personnages leurs fidèles héros.

Une réponse à d'importantes interrogations et mutations sociales

Aucun autre livre n'aura probablement en France une telle influence. Le développement de l'édition et l'abaissement des coûts de fabrication, l'accroissement des lieux de lecture, la scolarisation précoce qui élargit sans cesse le lectorat populaire renforcent ce succès. Qu'importe la longueur du livre ! La première partie « Fantine », publiée séparément, « accroche » le lecteur suffisamment pour maintenir l'intérêt. Livre-miroir donc, le roman est un événement social autant que littéraire.

La doctrine de « l'art pour l'art » tentera un peu plus tard de revenir sur les ambitions d'un Hugo, relayé par Zola et les Naturalistes, qui occupent le devant de la scène dans toute cette seconde moitié du XIXe siècle. Mais elle se confinera dans la poésie. Le roman, quant à lui, reste « social ». *Germinal* prendra la suite des *Misérables* dans une France éprise de justice sociales. Car ce roman fait fonctionner à plein l'illusion référentielle : le lecteur populaire oublie l'agencement de mots qu'il a sous les yeux pour se projeter dans la vie de ces êtres de papier qui lui ressemble tant, dans des lieux si faciles à évoquer.

La distance qu'instaure l'écriture est abolie. Avant le cinéma, cette littérature est aussi un merveilleux divertissement. Les *Misérables* sont un livre à suspense (Javert va-t-il rattraper Jean Valjean ? Cosette reverra-t-elle Fantine ? Marius sera-t-il attaqué par les louches amis des Thénardier ?). Hugo est d'abord un « metteur en scène » de génie et les lecteurs adhèrent facilement à cette intrigue comme ils ont adhéré aux *Mystères de Paris* d'Eugène Sue. Le « message » social est porté par la vague du suspense et se renforce du pathos omniprésent. Les *Misérables* sont un merveilleux roman-photo qui ne craint d'aller sur les terres de ce qu'on appelle aujourd'hui, avec un peu de pédantisme, « paralittérature » !

Entre réalisme et imaginaire

Voilà donc réunies les conditions d'un formidable succès littéraire : un écrivain qui est un homme public poursuivi par la police, un personnage lui aussi poursuivi par la police. Javert et Hugo se ressemblent comme la fiction et la réalité dans ce cas. Pourtant Hugo est un visionnaire et non un journaliste. Il transpose le quotidien dans des scènes auxquelles il donne un sens sacré, voire religieux. Le lecteur discerne le héros universel et atemporel derrière le personnage. Jean Valjean est Saint Christophe dans la scène des égouts de Paris, ou Lazare ou Hercule. Son itinéraire est une Odyssée. Sans cesse ce récit en évoque d'autres, réels ou imaginaires, mais toujours lisibles comme exemplaires de l'existence humaine. Le réel immédiat et l'imaginaire échangent sans cesse leurs données. D'où l'embarras de nombreux journalistes en 1862 : Hugo les époustoufle par son talent de poète au service de la prose. Arthur Rimbaud écrira d'ailleurs des *Misérables* qu'ils sont un « vrai poème » (lettre à Paul Demeny du 15 mai 1871. Pléiade, p. 249 sq.), une œuvre de vision. Hugo décante l'actualité la plus grossière. Il discerne les failles de la société française dans laquelle le pouvoir est la chose la moins bien partagée. La question sociale est étouffée depuis le coup d'Etat de 1851 mais la mémoire de 1848 est toujours aussi vive. Or l'exil de Hugo à Guernesey a démultiplié le poids de sa parole. Comme il se qualifie lui-même dans les *Châtiments*, voilà le prophète qui s'est saisi une nouvelle fois des trompettes de Jéricho et qui veut faire tomber les murs de la France. Dans ce pays encore profondément chrétien, la comparaison a du sens et ne fait pas sourire. Hugo-Isaïe, Hugo-Ezéchiel annonce la chute de Paris-Jérusalem gouverné par un usurpateur.

L'écrivain n'est jamais si près de créer l'événement que quand il se fait prophète de grands bouleversements, annonce le commencement de la fin et le début d'une ère nouvelle. Nous allons retrouver ce trait avec Soljénitsyne.

4) S'informer sur le goulag grâce à un récit au rôle décisif dans l'Histoire du XXe siècle (Une journée d'Ivan Denissovitch d'Alexandre Soljénitsyne, éd. 10/18, 190 p., n° 488)

Une journée d'Ivan Denissovitch paraît en 1962 en URSS. C'est le premier récit connu d'un écrivain qui contribua à changer le cours de l'Histoire du XXe siècle. En effet, ce roman raconte pour la première fois 17 heures de la vie quotidienne d'Ivan Denissovitch Choukhov, matricule CHT-854. Cet homme est prisonnier dans un camp quelque part en Russie. Le récit est très réaliste. Les détails sur la dureté incroyable des conditions de vie d'hommes comme Ivan Denissovitch sont abondants. Cette œuvre va bouleverser de milliers de lecteurs sitôt sa parution. Elle est bientôt connue en Europe où de nombreux intellectuels et écrivains y voient un témoignage accablant contre le totalitarisme qui règne en URSS sous Staline. D'une certaine manière ce petit livre va contribuer à précipiter la fin du communisme dans ce pays. Mais comment Soljénitsyne, simple instituteur à l'époque, a pu produire un tel effet ?

D'obscur enseignant installé à Riazan en Ukraine, Soljénitsyne est devenu brutalement l'écrivain russe le plus célèbre du monde. Deux hommes ont permis cette ascension fulgurante : d'abord Sacha Tvardovski, poète populaire et surtout directeur de la principale revue littéraire du pays, Novy Mir ; ensuite Nikita Khroutchev, successeur de Staline au poste de premier secrétaire du parti communiste d'URSS en 1953. Tvardovski est émerveillé par le récit de Soljénitsyne et veut le publier. Mais un tel récit accuse indirectement la politique de Staline. Comment passer la censure si puissante en URSS ? Soljénitsyne a lui-même été condamné à 8 ans de bagne pour avoir critiqué Staline. C'est, pour le pouvoir, un individu dangereux. Pourtant en 1962, une éclaircie se produit en URSS. Khroutchev veut faire prendre conscience au parti des crimes commis par Staline. Il donne donc l'imprimatur à ce roman que lui a proposé Tvardovski. La machine est lancée ! D'autres romans vont suivre. Soljénitsyne doit fuir maintenant son pays car la police veut faire taire cet écrivain mondialement connu. Voici le récit que l'écrivain a fait de la journée où il signa son contrat d'auteur devant Tvardovsky et ses collaborateurs.

Extrait des mémoires d'Alexandre Soljénitsyne, *Le chêne et le veau* (Seuil, 1975, p. 30 et sq.)

« Avec des amis aussi cordiaux, il y a moyen de collaborer. Ce n'était pas l'idée que je me faisais de nos rédactions… Pour faire « bon poids », ils me proposèrent de bap-

tiser le récit « nouvelle » - eh bien, soit, va pour une nouvelle. Tvardovsky dit d'un ton qui n'admettait pas de réplique, qu'avec le titre CHT-854 la nouvelle ne pourrait jamais être publiée. Je ne connaissais pas leur manie de tout rebaptiser pour lénifier et diluer, et je ne tentai pas non plus de résister. Les suggestions s'entrecroisaient par-dessus la table, Kopélev disant aussi son mot, et l'on s'entendit sur la formule : Une journée d'Ivan Dénissovitch.

Tvardovsky m'avertit qu'il ne me promettait pas ferme de me publier (Seigneur, j'étais déjà trop heureux qu'ils ne m'eussent pas donné au KGB !) ; il ne fixait pas de date, mais il ne ménagerait pas sa peine. Donnant cours à leur curiosité, ils me posèrent diverses questions subsidiaires. Combien de temps avais-je mis à écrire cette nouvelle (Attention, explosif ! Je l'avais écrite en deux mois, Et alors, le reste du temps ?) Eh bien, voyez-vous, c'est difficile à évaluer, n'est-ce pas, toujours par bribes, après les classes..., En quelle année l'avais-je commencée, et terminée en quelle année, combien de temps l'avais-je gardée chez moi ? (Toutes les dates brûlaient en lettres de feu dans mon esprit ! - mais si je commence à le leur dire, on verra immédiatement combien il reste de temps inemployé...) Je ne me rappelais pas au juste les années... Et pourquoi je tape aussi serré, sans laisser de blanc, recto verso ? (Mais, bande de dégourdis, vous comprenez ce que c'est les centimètres cubes ?...) Vous savez, c'est simple, à Riazan vous pouvez toujours chercher du papier... (C'était d'ailleurs la vérité.)

Ils m'interrogèrent sur ma vie, passée et présente, et ils se turent tous, fort troublés, lorsque je leur répondis gaillardement que je gagnais ma vie en faisant la classe pour soixante roubles par mois et que cela me suffisait (et je ne voulais pas d'un plein service, pour avoir du temps de reste, et avec le salaire élevé que touchait ma femme, je n'étais pas obligé d'assurer la subsistance du foyer). De tels chiffres passaient tout bonnement l'entendement d'un homme de lettres ; pour quelques lignes de compte rendu, on vous paie ce prix-là. Et ma tenue vestimentaire correspondait à mes appointements. Souverain, jubilant, Tvardovsky ordonna de conclure sur le champ un contrat avec moi, sur la base du taux le plus élevé pratiqué chez eux (rien que l'avance, c'était mon salaire de deux ans). Je restais là comme sous l'effet de la drogue, m'efforçant de prendre garde à ne pas dire sur mon compte un mot de trop. »

Comment Soljénitsyne dut cacher ses manuscrits ?

« Il devint clair que je devais acquérir un nouveau métier, apprendre moi-même à organiser des planques, éloignées et proches, où tous mes papiers, achevés ou en chantier, seraient hors d'atteinte d'un voleur occasionnel ou d'une perquisition superficielle au domicile d'un déporté. Ce n'était pas assez de trente heures de cours à l'école, de la direction d'une classe, de la popote d'un célibataire (le secret de mon activité littéraire ne

me permettait pas de me marier) ; ce n'était pas assez de l'écriture clandestine elle-même - il fallait maintenant apprendre de surcroît ce métier : cacher ce que j'avais écrit.

Mais ce premier métier en entraîna un autre : microfilmer moi-même les manuscrits (sans la moindre ampoule électrique, à la lumière d'un soleil qui ne disparaissait presque jamais derrière les nuages). Et il fallait ensuite glisser les microfilms dans des reliures de livres, munis de deux enveloppes toutes prêtes : USA, ferme d'Alexandra Lvovna Tolstoï. Je ne connaissais personne d'autre à l'Ouest, pas un seul éditeur ; mais j'étais sûr que la fille de Tolstoï ne refuserait pas de m'aider.

Quand on lit, tout gamin, les récits du front ou ceux des partisans, on s'étonne : où donc les gens vont-ils prendre cette audace du désespoir ? Il semble que jamais on n'aurait soi-même tenu. Ainsi pensais-je dans les années 20, lisant Remarque, À l'ouest rien de nouveau, *puis j'arrivai au front et je me convainquis que tout est plus simple, infiniment ; on y entre graduellement et la description est autrement terrible que la réalité. »*

La recontextualisation de ce récit nécessiterait quelques recherches dans le manuel d'histoire :

3) Qu'est-ce que la Guerre froide ?

4) Dans quelle situation est le monde après la Seconde Guerre mondiale ?

5) Quel rôle précis a eu Khroutchev dans son pays et dans le monde vers 1962 ?

6) Qui furent les principaux opposants russes au régime communiste après la guerre ?

7) Quels sont les arguments à charge contre Staline ?

8) Qu'est-ce que le « goulag » ?

9) Qui était Andreï Sakharov ?

10) Sur quelle base de faits authentiques ces deux livres reposent-ils ?

5) CONFRONTER CES DEUX ROMANS CLÉS

Le travail peut se poursuivre en comparant deux forçats emblématiques des récits, Jean Valjean et l'« ancêtre » du goulag décrit dans le récit de Soljénitsyne. Il peut être intéressant de définir ensuite le rôle de la censure afin de relier ces deux œuvres littéraires au programme d'histoire de 4e et de 3e.

Les Misérables (p. 18, l'école des loisirs, coll. « Classiques abrégés »)

(Résumé : après avoir lancé son récit en racontant l'arrivée de son héros chez l'évêque de Digne, Victor Hugo retrace le lourd passé de Jean Valjean.)

« Vers la fin de cette quatrième année, le tour d'évasion de Jean Valjean arriva. Ses camarades l'aidèrent comme cela se fait dans ce triste lieu. Il s'évada. Il erra deux jours en liberté dans les champs ; si c'est être libre que d'être traqué ; de tourner la tête à chaque instant de tressaillir au moindre bruit, d'avoir peur de tout, du toit qui fume, de l'homme qui passe, du chien qui aboie, du cheval qui galope, de l'heure qui sonne, du jour parce qu'on voit, de la nuit parce qu'un ne voit pas, de la route, du sentier, du buisson, du sommeil. Le soir du second jour, il fut repris. Il n'avait ni mangé ni dormi depuis trente-six heures. Le tribunal maritime le condamna pour ce délit à une prolongation de trois ans, ce qui lui fit huit ans. La sixième année, ce fut encore à son tour de s'évader ; il en usa, mais il ne put consommer sa fuite. Il avait manqué à l'appel. On tira le coup canon, et à la nuit les gens de ronde le trouvèrent caché sous la quille d'un vaisseau en construction ; il résista aux gardes-chiourme qui le saisirent. Évasion et rébellion. Ce fait prévu par le code spécial fut puni d'une aggravation de cinq ans dont deux ans de chaîne. Treize ans. La dixième année, son tour revint, il en profita encore. Il ne réussit pas mieux. Trois pour cette nouvelle tentative. Seize ans. Enfin, ce fut, je crois, pendant la treizième année qu'il essaya une dernière rois et ne réussit qu'à se faire reprendre après quatre heures d'absence. Trois ans pour ces quatre heures. Dix-neuf ans. En octobre 1815, il fut libéré ; il était entré là en 1796 pour avoir cassé un carreau et pris un pain. »

Une Journée d'Ivan Denissovitch (éd. 10/18, n° 488, p. 165)

(Résumé : vers la fin de la journée, Ivan Denissovitch Choukhov se rend au réfectoire et s'installe en face d'un ancien bagnard.)

« De cet ancêtre-là, on avait dit encore à Choukhov que ça ne se pouvait plus compter, les années qu'il avait vécues dans les prisons et par les camps, vu que c'était depuis qu'il y a eu le pouvoir des soviets. Aucune amnistie ne l'avait jamais touché. À chaque dix ans que finissait sa peine, on lui en rajoutait dix aussitôt.

Choukhov, à présent, le voyait de près. Entre toutes ces échines courbées de bagnards. c'était la seule dressée droite, Si droite que, regardé d'en face, le vieux avait l'air de s'être mis un coussin dessous les fesses. Pas une tondeuse n'aurait pu rien plus mordre sur son crâne, à cause qu'à cette vie de château ses cheveux étaient partis tous. Et les yeux, au lieu de guigner ce qui se faisait au réfectoire, il les gardait braqués par-dessus la tête de Choukhov, sur Dieu sait quoi, que lui seul voyait. Sa lavasse, il la mangeait lentement, avec une cuiller de bois ébréchée, sans piquer un plongeon dans l'écuelle, comme tout le monde, mais en remontant la main jusqu'à la bouche. Des dents, il n'en avait ni en haut ni en bas, plus une, de sorte que c'est avec les gencives qu'il mâchait son pain. La figure avait fondu toute, mais point comme au ratatiné qui passera pas l'hiver : le genre pierre taillée qui a noirci. À ses grosses pattes charbonnées de crevasses, on voyait bien que toutes ces années-là, il les avait guère passées dans des planques. Mais il faut croire que, dedans lui, c'était de l'accroché solide. Car ses trois cents grammes, il les posait point, comme nous autres, à même les salissures de la table, mais sur un bout de chiffon sortant de la lessive. Choukhov, quand même, n'allait pas perdre son temps à regarder ce vieux. Sa soupe finie, cuiller léchée et rentrée dans la botte, il renfonça son bonnet, se leva, prit son quignon, la miche de César et sortit. »

Questions pour servir à l'analyse

a) Quels aspects de la vie des deux forçats se ressemblent ?

b) Qu'est-ce qui montre la supériorité des agents de l'ordre sur ces deux hommes ?

c) Le narrateur raconte-t-il de façon neutre ?

d) Par quelles expressions prend-il parti dans les deux cas ?

e) Que représente ce vieillard pour Choukhov et pour l'auteur ?

6). DÉCOUVRIR L'UNIVERS D'UN AUTEUR JEUNESSE « ENGAGÉ » : ROBERT CORMIER

Robert Cormier est l'auteur de plusieurs récits remarquables par la dureté des relations entre les personnages adolescents. À l'instar du roman *En pleine nuit* (v. p. 152), *La guerre des chocolats, Après la guerre des chocolats, Je suis le fromage* et, plus récemment *De la tendresse* (l'école des loisirs, coll. « Médium ») ont permis de mieux définir l'étonnante transmutation littéraire opérée par l'auteur à partir de certains traits de la société américaine qu'il connaît bien.

Ainsi *La guerre des chocolats* met-il en scène des élèves d'un collège religieux installé dans une ville moyenne des Etats-Unis. Une organisation secrète, les Vigiles, dirigée par le jeune Archie Costello, y fait régner la terreur. L'adolescence est ici montrée comme un âge troublé. Les mêmes individus peuvent se montrer tantôt très nocifs et pervers, tantôt fragiles et désespérés. L'asservissement volontaire à un chef de bande cynique et puissant tranche avec l'esprit d'indépendance et de résistance d'un jeune, Jerry Renault, malmené par la vie.

L'univers romanesque de Robert Cormier ne laisse pas d'intriguer tant sa noirceur est radicale. Mais ce trait repose sur une vision personnelle et réfléchie de l'évolution de la société. Ainsi l'enracinement de ses récits dans la société américaine moderne est total. L'auteur s'en est parfois expliqué. Voici quelques extraits d'un entretien paru dans *La Revue des livres pour enfants* (n° 109, été 1986) :

À propos du personnage d'Archie Costello (figure centrale de *La guerre des chocolats* et *Après la guerre des chocolats*) :

« *Le pouvoir du chef provient de ceux qui ont choisi d'être dirigés par un chef. Dans* La guerre des chocolats, *Frère Léon accuse à tort Gregory Bailey de tricher et personne ne vient à son secours. J'ai établi une comparaison avec l'Allemagne nazie. Une idée du même ordre est exprimée dans* Après la guerre des chocolats *: des événements terribles se produisent parce que nous leur laissons la possibilité de se produire.* » (p. 53)

À propos de la société américaine moderne :

« *Je suis effrayé par le monde d'aujourd'hui. Il me terrifie et je suppose que cela apparaît dans mes livres. C'est la taille des choses qui m'angoisse. Certaines écoles comptent jusqu'à trois mille élèves et même la taille de ces écoles me fait peur. Le gouvernement par sa taille me fait peur et j'ai peur aussi de ces immenses systèmes de défense nationale.* » (p. 54)

Le pessimisme de Cormier, maintes fois souligné, ne paraîtra sans doute pas excessif au regard des faits divers récents qui ont mis en lumière la violence d'adolescents américains fragiles et armés selon la tradition de ce pays.

7). Lire d'autres récits qui réclameraient une recontextualisation historique

a) Sur la conquête de l'Amérique du Sud et la mort de l'Inca Atahualpa :

L'or de Cajamalca de Jakob Wassermann (l'école des loisirs, coll. « Médium ») relate la rencontre cruelle entre les Espagnols conduits par Pizarro et les Incas dont la résistance s'effectue au niveau plus culturel et idéologique que physique. La force de ce récit tient autant à la véracité des faits historiques rapportés qu'au point de vue donné par le narrateur, un moine espagnol, pris de remords rétrospectivement.

b) Sur la montée des fascismes et la Seconde Guerre mondiale :

Dans le célèbre roman d'Alki Zei, *Le tigre dans la vitrine* (Casterman, coll. « Dix & Plus »), est mise en scène l'aventure d'une famille vivant dans une île grecque dont l'organisation toute entière est remise en cause par l'arrivée au pouvoir du dictateur Metaxas en 1936.

La montée des fascismes en Europe, de 1933 à 1939, est inscrite au cœur de nombreux autres récits plus récents :

Quand Hitler s'empara du lapin rose (Judith Kerr, l'école des loisirs, coll. « Médium ») reconstruit dans une narration à la troisième personne les événements antisémites de Berlin en 1933 (v. aussi *Voyage à Pitchipoï* de Jean-Claude Moscovici, *Mon enfance en Allemagne nazie* d'Ilse Koehn, *Orage sur le lac* d'Ester Rota Gasperoni, *La maison rouge* de Berger, l'école des loisirs, coll. « Médium »).

L'enfant dans la guerre est au principe des récits de Maurice Sachs, *Du soleil sur la joue* (Flammarion, coll. « Castor Poche »), de Esther Hautzig, *La steppe infinie* (l'école des loisirs, coll. « Médium »), de Loïs Lowry, *Compte les étoiles* (l'école des loisirs, coll. « Neuf »).

c) Un émouvant récit sur la Shoah

Parmi d'autres récits susceptibles de retenir l'attention soutenue des élèves, se trouve *Le ring de la mort* de Jean-Jacques Greif (l'école des loisirs, coll. « Médium »). Il est mené par la voix d'un Juif de Pologne, Moshé. Dans les années 30, à l'adolescence, celui-ci rejoint avec sa mère ses frères qui se sont exilés à Paris pour fuir la misère et l'antisémitisme qui sévissent dans leur pays. Chacun d'entre eux trouve un emploi dans le travail du cuir et la confection, ce qui leur permet de mener une existence confortable enfin. Moshé fréquente « les amis de la nature », organisme issu de la FSGT au sein duquel il va peu à peu apprendre le métier de boxeur. Devenus adultes, les garçons se marient et mènent une vie paisible et heureuse sous les auspices du Front populaire. Malheureusement le bonheur sera de courte durée en raison du déclenchement de la Seconde Guerre mondiale. Le fils de Moshé, Elie, n'a alors que cinq mois. En juin 1940, les Allemands sont à Paris et, en octobre, les Juifs doivent se présenter dans les commissariats. En 1941, Moshé est convoqué dans un gymnase puis déporté à Pithiviers où il restera jusqu'en juillet 1942. De là Moshé et un ami retrouvé sont emmenés à Auschwitz. Moshé le boxeur devra montrer sa vaillance devant les SS.

d) Sur d'autres événements importants du XXe *siècle :*

William Camus, de mère française et de père iroquois, a consacré un beau et riche récit à son enfance, précisément ses onze premières années au Yukon (Canada), de 1923 à 1934, alors en proie à la fièvre de l'or. Ses *Mémoires d'un sauvage* (Syros, coll. « Les uns les autres ») fourmillent de détails sur la vie des Indiens, l'importance des « huskies » (étymologiquement les « enroués ») dans leur culture mais aussi les nombreux conflits avec leurs voisins, Esquimos, Hurons, Krees, Tlingits…

Sur la grande crise économique de 1931 aux Etats-Unis, on peut faire lire *La ballade des Lackawanna* de Chester Aaron (Flammarion, coll. « Castor Poche »). À quinze ans, Willy se retrouve à la rue. Les trains de marchandise lui serviront de moyen de fuite à travers le pays en crise.

On lira avec plaisir et émotion *Le chant de Be* de Lesley Beake sur fond d'apartheid en Afrique du Sud, *La longue marche* de Fritz sur fond de révolution communiste chinoise, *Je veux voir Marcos* de Dayre, sur fond de guérilla au Mexique, *Une poignée d'étoiles* de Rafik Schami sur fond de répression en Syrie. Ces romans sont publiés à l'école des loisirs dans la collection Médium.

e) Dans *La nature du mal* de Christian Lehmann (l'école des loisirs, coll. « Médium »), les dictatures en Argentine (Videla en 1976), au Chili (Pinochet en 1973), à Cuba (Castro en 1959) et d'autres sont évoquées à travers un état imaginaire, San Felicio, où sévit le colonel De La Peña, ministre de l'Intérieur et maître incontesté de la prison Castel Morro. Dans cette citadelle bâtie sur une île sont enfermés tous ceux et celles soupçonnés d'opposition au régime. Jérôme Andrieu, cinéaste en difficulté, est envoyé à San Felicio par Amnesty International pour réaliser un documentaire qui sera diffusé sur Arte. Pour cela il rencontre De La Peña soupçonné d'être un tortionnaire. En réalité, il se révèle être une victime plus qu'un bourreau du système dont il n'est qu'un instrument parmi d'autres. Le récit se dédouble alors pour donner lieu à une bouleversante autobiographie dans laquelle le thème du pouvoir exercé sans partage est central.

f) Tout récemment Paule du Bouchet a repris avec émotion, dans *À la vie, à la mort* (Gallimard, coll. « Page blanche »), le fil de la littérature sur les deux guerres mondiales en publiant sept récits courts dont les héros sont des Français d'origine modeste que la guerre va transformer. Plusieurs hauts faits de résistance y sont racontés avec précision.

g) D'autres récits à base de réel

Pour les sportifs :

Dans *Coups de sang* (l'école des loisirs, coll. « Médium »), Olivier Merlin propose six récits d'exploits mettant en scène des sportifs ou des aventuriers des

Temps modernes : l'aviateur Lynch, le passager Honeywill, le pilote Fangio, les joueurs de tennis Falkenburg et Bromwich, le boxeur Carpentier, le torero Manolete. Ces récits ont donc pour ambition de raconter ces exploits selon les techniques de l'écriture journalistique la plus accomplie. Il serait intéressant de les confronter à des coupures de presse de l'époque où ces exploits furent accomplis et de souligner le travail de réélaboration du réel mené par l'auteur.

Pour les amateurs d'autobiographie :

Les récits à base de réel abondent là où fiction et autobiographie s'entremêlent étroitement. Dans son récit *Quand Hitler s'empara du lapin rose* (l'école des loisirs, coll. « Médium »), Judith Kerr, qui a dédié son livre à ses parents, raconte l'histoire d'Anna, âgée de neuf ans, dans l'Allemagne nazie. Disparition du père, expatriation forcée, Judith Kerr est la future Anna meurtrie à jamais par ces années de haine raciale. Ce récit est complété d'une suite, *Ici Londres !* (l'école des loisirs, coll. « Médium »).

Annexe du chapitre IV

1) FAIRE LA CRITIQUE D'UNE TABLE DES MATIÈRES

Enquête au collège de J.-P. Arrou-Vignod (Gallimard, coll. « Folio »)

1. Le crime
2. Déception
3. Chez le principal
4. P.P. s'en mêle
5. Renvoyé
6. Chère Mathilde !
7. La torche
8. L'insoluble solution
9. Le traître
10. De justesse !
11. Nuit noire
12. Mathilde cogite
13. Mercredi aprèm'
14. M. Coruscant à la rescousse
15. Le plan
16. Mathilde se fâche
17. Le revenant
18. Le passage secret
19. Retrouvailles
20. Dans la crypte
21. P.P. fait de la corde à nœuds
22. Dans la gueule du loup
23. Le conseil de discipline

Il peut être intéressant de présenter les avantages de cette table (rappel du déroulement de l'action et donc aide à la mémorisation, renforcement du suspense…) mais aussi d'en chercher les limites (titres convenus, langage « branché »…).

Un autre travail peut être réalisé à partir de la table du récit d'aventures de Xavier-Laurent Petit, *Piège dans les Rocheuses* (Flammarion, coll. « Castor Poche ») qui s'articule autour de seize parties bien reliées entre elles mais titrées de façon très elliptique : « Le procès », « Convalescence »… Le problème est le même dans *La mort de la Terre* de Rosny aîné (Flammarion, coll. « Etonnants classiques ») : « La planète homicide », « L'eau, mère de la vie »… Cette table n'existe pas dans plusieurs récits d'aventures de Jules Verne, comme le *Voyage au centre de la Terre* (Hachette) et pourrait être créée en commun.

2) S'INITIER AUX JEUX DE POINT DE VUE DANS UN RÉCIT

Un texte narratif peut être lu méthodiquement en 4e et 3e à partir d'éléments d'analyse précis, en particulier l'identification du narrateur et le point de vue choisi pour raconter.

a) **L'identification du narrateur :** *Qui raconte ? Le narrateur intervient-il dans son récit ? Quelles sont les marques de cette intervention dans le récit ? Qu'est-ce que cela apporte au récit ?*

« Il y avait déjà trois semaines que nous promenions notre navire, sans feux dans le brouillard, au milieu d'un véritable labyrinthe de récifs, quand la vigie, au guet dans la gabie, signala une voile par notre bâbord. Mathieu Miles siffla l'équipage au poste de combat. Virmoutiers et deux autres hommes se dirigèrent vers le centre du bateau. Ils portaient à pleins bras des maillots et des masques. Ceux-ci furent jetés sur le pont.

- Les morts, à vos postes de manœuvre !, commanda Virmoutiers en ricanant.

À ma profonde stupéfaction, je vis les hommes du Hollandais-Volant se dévêtir. Puis ils passèrent une sorte de tricot noir où des bandes d'étoffe blanche dessinaient les os des bras, du thorax, du bassin et des jambes. Ils mirent sur leur visage un masque de cuir qui simulait en noir et blanc la face d'une tête de mort. Ainsi déguisés, ils ressemblaient à des squelettes harnachés en guerre car ils avaient passé leurs baudriers et leurs ceinturons et tenaient au poing leur mousquet. Leur aspect était véritablement étrange et terrifiant.

Je fis comme eux. Et bientôt, je fus tel un mort effroyable accroché dans les haubans, le coutelas entre les dents et la grenade incendiaire à la main.

Quand tout le monde fut placé à son poste, les canonniers derrière leurs pièces, la mèche à la main, le navire était comme un arbre fantastique garni de squelettes accrochés partout y compris devant le bout-dehors qui représentait une tête de mort décharnée. »

Texte de Pierre Mac Orlan, extrait des *Clients du Bon Chien Jaune* (Gallimard).

b) **Une alternance de points de vue :** *Quel point de vue le lecteur est amené à prendre en compte successivement ? Qu'est-ce que cela apporte à ce récit par rapport à un récit plus traditionnel ?*

Cet extrait de *Sombres citrouilles* de Malika Ferdjoukh, placé dans la seconde partie du roman (« *Ce qui se passa après (qu'on eut trouvé le monsieur dans le potager)* », p. 117-118), met en scène la première rencontre (retardée pour soutenir le suspense) entre les deux principaux protagonistes du récit, Hermès et Madeleine, cousins éloignés. La scène a d'autant plus de force que l'amour secret de celui-ci pour celle-là se dévoile au milieu des embarras provoqués à la fois par la présence d'un cadavre dans le jardin et par la conduite étrange du grand-père.

HERMES

« J'ai reculé vers la porte. Elle a relevé la tête, brièvement, avant de continuer avec ses cintres, ses jupes et ses affaires.

- Dis... Ce truc dont tu veux me parler, reprit-elle d'une voix plus gentille, c'est pas trop grave quand même ? Ça peut attendre ?

J'ai songé : un homme est étendu raide mort derrière le noisetier avec son polo plein de sang, il a été tué, probablement par Papigrand, probablement parce qu'il le faisait chanter à propos de je ne sais quoi, mais non ce n'est pas grave du tout...

- Ça attendra, dis-je tout bas.

À l'instant de sortir, je l'ai regardée par-dessus mon épaule.

- Cette Rochelle... Tu la connais ?

À nouveau, une lueur traversa son visage... qui se ferma aussitôt.

- Pas du tout, répondit-elle du ton le plus tranquille. Pourquoi ? Je devrais ?

Madeleine ignore qu'elle a le regard le plus brillant du monde quand elle ment.

- Il est nouveau ? dis-je en désignant son twin-set.

Elle rit. Comme pour une plaisanterie adressée à elle seule.

- Tu le trouves joli ? demanda-t-elle.

- Mm. Mais tu devrais retirer l'étiquette, elle pendouille dans ton dos.

Ed McBain vola droit sur moi avec la nette intention de me décapiter. Mais j'étais déjà sorti.

MADELEINE

Il était temps qu'il sorte, j'allais exploser. Il est bien gentil le cousin, mais je me fous complètement de ses histoires. Je me fous aussi d'oncle Gil. Et de sa top model. Je me fous de tout. Je n'ai envie que d'une chose, m'allonger sur ce lit, fourrer ma tête de bonze tibétain sous l'oreiller, et dormir.

HERMES

Je descendis un étage. Un seul.

Ce que j'aime à la Collinière (et qui me fichait la trouille lorsque j'étais petit), c'est que c'est une grande baraque pleine de couloirs à virages, de coins à portes basses, de renfoncements avec des bouts d'escaliers et des niches devenus placards ou cagibis.

Je m'arrêtai au premier, donc.

Je m'arrêtai longtemps, et longtemps je restai sans bouger, à écouter les bruits qui venaient d'en bas et du jardin. Je me mis à marcher à reculons, sur toute la longueur tordue du couloir qui mène aux chambres.

Si l'on m'avait interrogé sur les raisons qui me poussèrent à pénétrer clandestinement dans celle de mes grands-parents, j'aurais eu du mal à m'expliquer avec clarté.

Peut-être le fait d'avoir surpris Papigrand en compagnie d'un homme qui était devenu un mort, était-il un motif puissant d'intuition...

Allais-je y trouver un pan caché de la vie de mon grand-père ? »

c) Découvrir d'autres récits qui permettent d'initier au **problème de la focalisation interne**.

Lorsque le narrateur restreint son point de vue en se plaçant à l'intérieur de la conscience d'un personnage et que les événements racontés sont vus à travers ce regard et cette conscience, on parle de focalisation interne.

De tels effets sont au cœur par exemple de *Toufdepoil* (Presse Pocket), *La maison vide* (Gallimard, coll. « Folio ») de Claude Gutman, *Même pas mal* de Claire Laroussinie (l'école des loisirs, coll. « Médium »), *Laisse-moi tranquille* de Brigitte Smadja (l'école des loisirs, coll. « Mouche »), *C'est plus fort que moi* de Christophe Honoré (l'école des loisirs, coll. « Neuf ») qui, en outre, se plaît à changer trois fois le narrateur du récit.

3) SOULIGNER LA RELATION ENTRE LE SYSTÈME DES PERSONNAGES ET L'AVANCÉE DE L'ACTION

a) Souvent présentés très allusivement, les personnages du récit de Gutman, *La maison vide* de (Gallimard, coll. « Folio »), risquent d'échapper à la vigilance du jeune lecteur. Ce tableau, qui peut être construit avec les élèves, a pour but de relier leur apparition au développement de l'action.

Périodes du récit	**Principaux personnages**	**Lieux de l'action**	**Evénements historiques en toile de fond**	**Autres événements historiques rapportés**	**Résumé de l'action**
Première partie (p. 9-58)	Les Bianchotti, les Grunbaum, David, Yantel, M. Armellino, M. Rosenbaum	Montreuil-sous-Bois	Occupation allemande de Paris Exode (mai-juin 1940) Obligation du port de l'étoile jaune (7 juin 1942)	Pogroms en Russie (p. 14-16)	Le narrateur, David, raconte les événements qui ont précédé l'arrestation de ses parents le 16 juillet 1942
Deuxième partie (p. 58-66)	Le père supérieur, l'homme au complet sombre	Montreuil-sur-Mer			Sous le nom de Daniel Larcher, David rejoint une institution religieuse en Normandie
Troisième partie (p. 66-72)	L'homme de la Résistance (M. Max)	Un train			De Montreuil via Paris, David rejoint le Lot.
Quatrième partie (p. 72-104)	Lonia, plusieurs enfants, M. Rigal, Maurice, Hanna, M. Legendre, sa fille Claire	Une maison dans le Lot			David narre le faits importants ou non de la maison des enfants juifs jusqu'à leur arrestation.

b) Le classement des personnages constitue une activité qui permet de grandes clarifications. Ainsi dans le récit linéaire très riche en personnages de Christine Arnothy, *J'ai quinze et je ne veux pas mourir* (Hachette), le problème de la narratrice est de gagner la frontière autrichienne après l'arrivée des troupes russes à Budapest en 1945. Sur son chemin, les personnages rencontrés se laissent classer en fonction du rôle, positif, négatif ou neutre, qu'ils viennent jouer.

Étape du récit	**Personnages rencontrés**	**Rôles**
La vie dans la cave (I à III)	Pista, soldat déserteur	Personnage bénéfique, lien avec le dehors pourvoyeur de nourriture
À la recherche de l'eau (IV)	Un soldat allemand armé d'une mitraillette	Personnage incarnant la barbarie et le désordre humain
Retour dans la cave (V à XI)	Un officier allemand qui lance un ultimatum Un soldat russe	Personnages incarnant l'inhumanité
En route vers la frontière (XII, XIII)	Des paysans Un prêtre Un guide Un serveur autrichien	Personnages sécurisants Personnages hostiles ou ambigus

Les personnages, dans de tels récits, ne sont donc pas donnés au hasard mais se répondent les uns aux autres en s'appariant ou en s'opposant. La mémorisation et les liaisons effectuées par le lecteur entre ces personnages constituent bien un des enjeux importants, sur le plan cognitif, de la lecture du récit.

c) Découvrir d'autres récits qui appellent une clarification du système des personnages

Dans ces romans, le jeu des personnages gagne à faire l'objet d'une analyse spécifique et détaillée en raison de l'abondance du personnel romanesque et de la complexité des alliances et rivalités : *L'homme invisible* (H. G. Wells, Hachette), *L'ancre de miséricorde* (Pierre Mac Orlan, Gallimard, coll. « Folio junior »), *Sa Majesté des Mouches* (William Golding, Gallimard, coll. « Folio junior »), *Quentin Durward* (Walter Scott, l'école des loisirs), *Le chien des Baskerville* (Sir Arthur Conan Doyle, Gallimard, coll. « Folio »).

Bibliographie

Barthes, R. et alii (1977) : *Poétique du récit*, Seuil, coll. « Points ».

Brémond, C. (1973) : *Logique du récit*, Seuil.

Bronckart, J.-P. (1996) : *Activité langagière, textes et discours. Pour un interactionnisme socio-discursif*, Delachaux et Niestlé.

Caillois, R. (1967) : *Des jeux et des hommes*, Gallimard, coll. « Folio ».

Diatkine, R. (1984) : « La formation du langage imaginaire », in *Le Français aujourd'hui*, n° 68.

Deguy, M. (1986) : *Brevets*, Champ Vallon.

Fijalkow, J. (1978) : *Mauvais lecteurs, pourquoi ?*, PUF.

Fresnault-Deruelle, P. (1987) : *Le récit scripto-figural*, PUF.

Genette, G. (1991) : *Fiction et diction*, Seuil, coll. « Poétique ».

Goldman, L. (1970) : *Le Dieu caché*, Gallimard, coll. « Tel ».

Iser, W. (1985) : *L'acte de lecture*, Mardaga.

Leiris, M. (1960) : *Biffures*, Gallimard.

Petitjean, A. (1990) : « Pour une didactique de la littérature », in *Perspectives didactiques en français*, Metz, CASUM.

Robert, M. (1973) : Préface aux *Contes* de Grimm, Gallimard, coll. « Folio ».

Ricœur, P. (1984) : *Temps et récit*, Seuil, coll. « Points ».

Id. (1986) : *Du texte à l'action. Essais d'herméneutique*, Seuil, coll. « Points ».

Sartre, J.-P. (1948) : *Qu'est-ce que la littérature ?*, Gallimard, coll. « Folio ».

Schaeffer, J.-M. (1999) : *Pourquoi la fiction ?*, Seuil, coll. « Poétique ».

Todorov, T. (1991) : *Morales de l'histoire*, Seuil.

Vanoye, F. (1991) : *Scénarios modèles. Modèles de scénarios*, Nathan.

Wittgenstein, L. (1961) : *Tractatus logico-philosophicus* suivi des *Investigations philosophiques*, Gallimard, coll. « Tel ».

Table des matières

INTRODUCTION
Des ambitions d'abord d'ordre culturel p. 5

CHAPITRE I
Entre jeu et savoir p. 11

CHAPITRE II
Comment parler du récit ? p. 45

CHAPITRE III
Un « objet » situé p. 75

CHAPITRE IV
Dépasser l'ascèse p. 103

CONCLUSION
Oser déranger l'univers p. 141

ANNEXE DU CHAPITRE I
Apprendre à lire dans le récit p. 145
L'acmé du *Chien de Baskerville* p. 148
Point de vue sur le suspense p. 150
D'autres récits récents entre jeu et savoir p. 152

ANNEXE DU CHAPITRE II
Affirmer son point de vue grâce au débat p. 155
Argumenter à partir d'un récit p. 156
Repliquer à des récits polémiques p. 162

ANNEXE DU CHAPITRE III
Affaire de la *Bounty* p. 165
Récit écrit et récit filmique p. 169
Le contexte des *Misérables* p. 174
Une journée d'Ivan Denissovitch p. 185
L'univers de Robert Cormier p. 194
Recontextualisation historique p. 196

ANNEXE DU CHAPITRE IV
Critique d'une table des matières p. 203
Jeux de points de vue p. 204
Personnages et avancée de l'action p. 210

BIBLIOGRAPHIE p. 213